Anselm Grün

Stationen meines Lebens

Anselm Grün

Stationen meines Lebens

Was mich berührt, was mich bewegt

Kreuz

Bibliografische Information der Deutschen Bibliothek
Die Deutsche Bibliothek verzeichnet diese Publikation in der Deutschen Nationalbibliografie; detaillierte bibliografische Daten sind im Internet über http://dnb.ddb.de abrufbar.

www.kreuzverlag.de

Umschlaggestaltung: Bergmoser + Höller Agentur, Aachen
Umschlagbild: © Gudrun Bublitz, Stuttgart
Fotos im Innenteil: © Privat
Satz: de·te·pe, Aalen
Druck: CPI – Clausen & Bosse, Leck

ISBN 978-3-7831-3394-3

Inhalt

Vorwort 9

Biografische Stationen 11

Kindheit und Jugend 11
Noviziat 19
Der Name Anselm 22
Mein Ziel: Die Theologie 24
Studium in Rom 25
Gefühle 27
Begegnung mit Graf Dürckheim
und der Zen-Meditation 28
Auf dem Weg zur Promotion 30
Karl Rahner 31
Zum Cellerar berufen 34
Von der Dogmatik zur Betriebswirtschaftslehre 36

Das Leben im Kloster 37

Bewegte Zeiten 37
Stabilitas Loci und Reisetätigkeit 43
Armut 45
Ehelosigkeit 47
Gehorsam 57
Der Kontakt zur Familie 59

Arbeitsfelder 63

Der Cellerar 63
Der Buchautor 68

Schreiben und leben 68
Die Anfänge 72
Leitmotiv: Der innere Raum 75
Therapeutisch schreiben 80
Das erfolgreichste Buch 81
Meine Themen 82
Schreiben aus dem Mitfühlen 87
Projekte, die mir am Herzen liegen 88
Der Referent 89
Vorträge im deutschsprachigen Raum 89
Erfahrungen im Ausland 94
Resonanz 96
Jugendarbeit 97
Das Recollectio-Haus 100
Kurse für Firmen 102

Themen 111

Herausforderungen des eigenen Lebens 111
Ungeduld, Ärger und Aggressionen 111
Scheitern und Anfeindungen 114
Erfolg und Misserfolg 116
Alter, Leid und Tod 118
Spiritualität zwischen Buddhismus, C. G. Jung und Christentum 122
Buddhismus und Personalität 122
Beziehungen 127
Ich, Nicht-Ich und Gottesbild 130
Tiefenpsychologie und biblische Texte 133
Urvertrauen 136
Das Gebet 139
Die Not mit dem Beten 139
Die Wirkung des Gebets 145

Die Kirche 146
Die Aufgabe 146
Sorge um die Kirche, aber noch mehr um die Menschen 147
Evangelische Christen 151
Fundamentalismus 153
Kritik an der Kirche 154
Volkskirche 155
Katholische Dogmatik 157
Die Theologie der Fünfzigerjahre 159
Volksfrömmigkeit 160
Eucharistie 163
Maria 168
Latein 170
Die Zukunft der Kirche 172

Zum Schluss 175

Gesunde Theologie und Spiritualität 175
Dem Leben und der Zukunft begegnen 178

Vorwort

Es ist für mich eine Suchbewegung, immer neu den Schlüssel zu den Fragen zu finden, die die Menschen bewegen, um eine Antwort zu formulieren, die das Herz des Fragenden berührt. Dabei versuche ich, die Menschen mit dem eigenen Wissen in Berührung zu bringen, das auf dem Grund ihrer Seele bereit liegt. Dort, in der Tiefe der Seele liegen die Antworten auf unsere eigentlichen Fragen schon bereit. Wir brauchen nur einen Anstoß von außen, um das, was unsere Seele längst weiß, auch in Worte zu fassen.

Im April 2009 führte Hildegunde Wöller, unter deren Lektorat ich meine ersten Bücher beim Kreuz-Verlag geschrieben habe und die mich zu einer neuen Schreibweise angeregt hat, ein langes Gespräch mit mir über das, was mich persönlich bewegt, welche Gedanken mich als Kind, in der Jugend, beim Eintritt ins Kloster geleitet haben und was mich momentan innerlich beschäftigt. So habe ich versucht, auf ihre Fragen zu antworten und mir Rechenschaft abzulegen über das, was mich antreibt, immer wieder Bücher zu schreiben.

Das Buch hat den Gesprächscharakter beibehalten. Manches ist nicht bis ins Letzte begründet. Aber ich hoffe, dass das Gespräch auch dem Leser und der Leserin Anregungen schenkt für das eigene Nachdenken.

Im Sommer 2009 P. Anselm Grün

Biografische Stationen

Kindheit und Jugend

Ich habe von meinen Eltern sicher viel Vertrauen mitbekommen. Mein Vater war ein mutiger Mann. Er ist aus dem Ruhrgebiet einfach ausgezogen, ohne Geld und ohne alles, weil er sich darüber geärgert hat, an katholischen Feiertagen arbeiten zu müssen. Er ist ins katholische Bayern gezogen und hat da ein Geschäft aufgemacht. Was er mir vermittelt hat, war der Mut, das Leben zu wagen, und die Freiheit. Er war auch im Denken ein sehr freier Mensch. Meine Mutter war eine pragmatische Frau von einem Bauernhof in der Eifel und mit einem guten Vertrauen darauf, das Leben zu schaffen.

Meine Eltern waren beide sehr gläubige Menschen; mein Vater hat viele Bücher gelesen, meine Mutter war von einer eher bodenständigen Frömmigkeit. Mein Vater ist früh gestorben, 1972 mit 71 Jahren, noch vor meiner Priesterweihe. Meine Mutter ist 91 Jahre alt geworden. Nach dem Tod meines Vaters hat sie noch 30 Jahre gelebt. Sie entwickelte sich weiter und hat neue Seiten an sich entfaltet. Sie ist nicht in der Trauer geblieben, sondern hat ihr Leben auf neue Weise gemeistert. Mein Vater war der Intellektuellere, er hat mich sehr geprägt. Meine Mutter später auch. Je älter sie geworden ist, desto mehr hat sie ihrem Gefühl getraut. Mein Vater war freiheitsliebend, aber theologisch war er eher kirchlich. Er hat die Lehre der Kirche nie infrage gestellt. Meine Mutter war sehr lange Leiterin im katholischen Frauenbund, und an jedem Ostermontag und Pfingstmontag war ökumenischer Gottesdienst in der evangelischen Kirche. Meine Schwester hat sie einmal gefragt, ob wir da zur Kommunion gehen dürfen. Der katholische Pfarrer wollte nicht, dass die Katholiken bei den Evangelischen zur Kommunion gehen, weil das theologisch nicht gut sei. Aber meine Mutter meinte lediglich, der Pfarrer sei nett und die Leute glaubten schließlich auch. Je älter sie geworden ist, desto freier wurde sie und hat einfach ihrem inneren Gefühl getraut. Das war für sie wichtiger als eine theologische Lehre.

Ich denke, ich habe von beiden sicher vieles mitbekommen. Meine Eltern waren immer präsent bei uns Kindern. Als Kind war ich nach außen hin schüchtern, vielleicht, weil wir zu behütet waren. Später habe ich dieses Vertrauen und die Liebe Gottes auch durch Krisen erlebt, aber der Grund ist sicher in meiner Kindheit gelegt worden.

Ich bin mit sechs Geschwistern aufgewachsen und wir haben einen großen Garten gehabt. In der Nachbarschaft wohnte meine Tante mit sechs Kindern. Es war also eine

Familie, ohne die jüngste Tochter. Anselm vorn stehend

große Familie, und wir Kinder haben beim Spielen viel Fantasie entwickelt. Ich bin der Vierte von sieben Kindern, gehörte also zu den Jüngeren, aber ich war immer der, der am meisten Ideen hatte für neue Spiele oder wenn es darum ging, irgendwas zu basteln. Mit sieben Jahren habe ich zum Beispiel eine Bank zusammengebastelt, doch als mein Vater sich darauf gesetzt hat, ist sie zusammengekracht. Aber die Neigung, etwas auszuprobieren und was zu machen, war bei mir von klein auf da. Und auch Leute beim Einkaufen anzusprechen zum Beispiel. Meine Mutter ist mit uns Kindern zweimal im Jahr zum Einkaufen in die Stadt nach München gefahren, und da war ich derjenige, der mit den Verkäufern oft Diskussionen geführt hat. Warum das so war, weiß ich nicht genau, aber wenn wir Gottesdienste gehalten haben, um einen Vogel zu beerdigen, musste ich immer die Ansprache halten. Das war allen irgendwie klar. Warum weiß ich nicht, das war so spontan, glaube ich.

Wenn ich mich so in die Kindheit hinein denke – und mir ist ja das Thema Lebensträume wichtig –, war da sicher dieses Gefühl, etwas zu wagen, nicht einfach nur das zu tun, was andere von mir erwarteten, sondern selbst aktiv zu werden, das Leben zu gestalten, also die Lust, etwas Neues zu probieren. Das war, glaube ich, von Kindheit an so bei mir.

Unsere Familie hat neben der Kirche gewohnt. Wir Kinder waren alle Ministranten, und jeden Tag, auch werktags, haben wir ministriert. In den Ferien, wenn sonst keiner da war, reichte unsere Familie aus. Ich war bereits als Kind sehr fasziniert von der Liturgie. Besonders an die Weihnachtsliturgie und die Karliturgie kann ich mich sehr gut erinnern. Die Geborgenheit in der Tradition hat mir immer gut getan, auch in der Familie, wenn wir die Feste gefeiert haben in der Kirche.

Nach der Erstkommunion mit zehn Jahren habe ich meinem Vater gesagt, Priester werden, das wäre was für mich. Natürlich war das in diesem Alter infantil. Aber mein Vater fragte mich, ob ich Weltpriester oder Ordenspriester werden wolle. Damals wusste ich gar nicht genau, was das ist, Ordenspriester. Ein Bruder meines Vaters, Pater Sturmius, war Mönch hier in Münsterschwarzach und hatte einen revolutionären Geist. Er war in jungen Jahren bei der Jugendbewegung »Neudeutschland« gewesen und hat hier in den Konvent einiges Neue hineingebracht, zum Beispiel das Fußballspiel, was zu der Zeit noch verpönt war. Damals hat man nur Faustball gespielt, das war die typisch deutsche oder klösterliche Sportart. Mein Vater hat mir von der Abtei Münsterschwarzach

Anselm Grüns Elternhaus in Lochham bei München, in dem er aufgewachsen ist

vorgeschwärmt, und so kam ich mit zehn Jahren ins Internat. Jedenfalls haben mein Vater und mein Onkel das irgendwie organisiert, aber ich weiß nicht mehr genau, ob das mein eigener Wunsch gewesen ist. Ich hatte wohl auch mit dem Pfarrer darüber gesprochen, und der hat es befürwortet. In jenen Jahren ging das Geschäft meines Vaters nicht sehr gut. So erhielt ich im Internat einen verbilligten Pensionspreis. Ein Jahr später kam mein Vetter, der jetzt Pater Udo ist, und schließlich mein Bruder und Pater Udos Bruder. So waren wir zu viert.

Ich kam bereits mit dem persönlichen Ziel: »Ja, das kann so mein Weg sein, Priester sein«, aber selbstverständlich gab es im Internat auch Krisen.

Am Anfang hatte ich durchaus ein bisschen Heimweh. Ich kam aus München, und hier diese fränkische Sprache, das war für mich wie Ausland. Ich konnte mir gar nicht vorstellen, wie man als junger Mann so eine Sprache sprechen kann. Aber als mein Vater weggefahren war, hörte ich, dass die Schüler Fußball spielten. Ich bin sofort auf den Sportplatz und habe mitgemacht: Da war ich wieder daheim. Wir haben miteinander viel Sport gemacht. So konnte ich mich ganz gut einlassen auf dieses Leben im Internat.

Es hat mir Spaß gemacht, zu lernen und zu lesen. Dafür war das Internat gut. Aber es war auch eine gewisse Wehmut dabei. So bin ich stets gerne in die Ferien gefahren. Wir sind damals nur zu Weihnachten, zu Ostern und in den großen Ferien heimgefahren, sonst waren wir im Internat. Das war immer eine lange Zeit. Aber auf der anderen Seite habe ich gemerkt, wie mein älterer Bruder, der daheim im Gymnasium war, vor lauter Fußballspielen kaum zum Lernen kam. Im Internat konnte ich mich einfach besser konzentrieren.

Was ich im Internat vor allem gelernt habe, war, wie man richtig lernt. Daheim in der Volksschule haben wir mehr so aus Spaß gelernt. Bei den Hausaufgaben hatten wir vor allem Gaudi. Im Internat war das anders. Dort habe ich gelernt, in einem guten Rhythmus zu arbeiten. Eine halbe Stunde Lateinvokabeln, anschließend eine halbe Stunde Deutschaufgaben, dann die anderen Fächer; ich habe nie länger als eine halbe oder dreiviertel Stunde an einem Fach gelernt. Und das merke ich bis heute: Der Rhythmus gibt Energie. Viele lernen falsch und meinen, wenn sie zehn Stunden am Stück arbeiten, kommt etwas heraus. Aber da kommt nicht viel heraus. Im guten Rhythmus zu arbeiten, das ist effektiv.

Das Internat war damals aufgeteilt: Die ersten drei Klassen wurden in Sankt Ludwig unterrichtet. Das war 20 Kilometer von Münsterschwarzach entfernt. Die Präfekten dort waren alle Soldaten im Krieg gewesen, und so mussten wir im Sommer um sechs Uhr aufstehen und Frühsport machen. Es gab ein kaltes Bad mit 14 Grad, in dem wir alle auf Kommando untertauchen mussten. Das war sehr hart. Sonntag früh hieß es Kleider bürsten und diese anschließend vorzeigen. Dann wurde kontrolliert, ob alles gebürstet und staubfrei war. Das war strenge Disziplin.

Bei unseren Lehrern spielte das Militär eine große Rolle. Am letzten Schultag war es Tradition, dass sie vom Krieg erzählten – das war zwischen 1955 und 1957. Unsere Lehrer waren teilweise erst 1948/49 aus dem Krieg gekommen. Der eine, Pater Ludger, war ein Feldwebel. Ihm wurde im Krieg das Ohr durchschossen und das eine Auge. Als Junge war man stets fasziniert, wenn die Lehrer vom Krieg erzählt haben, aber als junge Mönche haben wir uns über die immer gleichen Geschichten aufgeregt und gesagt, das sei eine falsche Vergangenheitsbewältigung oder Glorifizierung. Im Nachhinein kann ich sie natürlich verstehen, schließlich haben sie die Blütezeit ihres Lebens, also zwischen 20 und 30 Jahren, im Krieg und in der Gefangenschaft erlebt. Dass sie das Erlebte irgendwo erzählen mussten, ist klar. Aber damals war uns das einfach zu viel.

Pater Ludger war ein richtiger Haudegen, aber im Alter wurde er sehr milde und hatte auch ein schlechtes Gewissen. Mein Bruder, der später ausgetreten ist, fragte ihn einmal: »Pater Ludger, Sie wollten doch mal Ihre Memoiren schreiben, was Sie so erlebt haben im Krieg.« Da hat er gesagt: »Ich habe alles weggeschmissen. Ich habe gedacht, wir hätten für eine saubere Sache gekämpft, aber als ich diese Kriegsausstellung, diese Wehrmachtsausstellung sah und erkannt habe, was die hinter unserem Rücken alles gemacht haben, habe ich alles verbrannt.«

Nach den drei Jahren in St. Ludwig folgten zwei Klassen hier in Münsterschwarzach. Die letzten vier Jahre bis zum Abitur waren wir in Würzburg, und auch da lebten wir im Internat. Dort sind wir in die staatliche Schule gegangen. Sankt Ludwig und Münsterschwarzach waren klösterliche Schulen mit klösterlichen Lehrern. Daher war es für uns noch einmal ein neuer Schritt in die staatliche Schule. Am Anfang waren es eher die Stadtschüler, die über alles redeten. Wir Internatsschüler hatten da gedacht, wir seien schlechter, aber als die ersten Schulaufgaben geschrieben wurden und es Noten gab, waren wir die Besseren. Die anderen waren nur beim Reden stärker.

Neben den normalen Stadtschülern und uns gab es noch Schüler aus dem Kilianeum. Das war das bischöfliche Priesterseminar in Würzburg. Von diesen Internatsschülern erwartete man mehr oder weniger, dass sie entweder Priester wurden oder ins Kloster gingen. Aus unserem Jahrgang sind damals alle sechs Abiturienten ins Kloster eingetreten.

Als Schüler habe ich öfter überlegt, ob das Kloster tatsächlich mein Weg ist oder ob ich nicht besser eine Naturwissenschaft studieren soll, etwa Biologie. Mit 15 Jahren hatte ich zu Weihnachten ein Mikroskop bekommen, das ich mir gewünscht hatte. Es hat mich immer fasziniert, die kleinen Lebewesen zu erforschen. Außerdem habe ich vor dem Abitur meinem Onkel viele Briefe geschrieben mit dem Inhalt, das sei mir alles zu bürgerlich in Münsterschwarzach. In dieser Zeit schwärmte ich von den Jesuiten und von Karl Rahner, die einfach etwas leisteten und die

Beim Ausflug im Internat, 9. Klasse.
Anselm vorne sitzend, rechts neben dem Ball

Kirche voranbrachten. Darüber führte ich heftige Diskussionen mit meinem Onkel. Er hat mich aber doch davon überzeugt, dass das Benediktinische mein Leben sei, und so bin ich nach dem Abitur gleich ins Noviziat gegangen.

Noviziat

Mit 19 Jahren bin ich als Novize in den Konvent von Münsterschwarzach eingetreten. Heute wäre das nicht mehr möglich, weil das Mindestalter auf 21 Jahre heraufgesetzt wurde. Wir haben die Erfahrung gemacht, dass jüngere Männer noch zu sehr in der Mutterablösung stecken. Wenn sie in dieser Phase ins Kloster eintreten, ist die Klostergemeinschaft ein Mutterersatz. Aber irgendwann müssen sie sich davon ablösen, und dann treten sie oft wieder aus. Deswegen sollten die Novizen ein bisschen älter sein. Heute sind die meisten zwischen 21 und 35, aber es gibt auch nicht mehr dieses typisch kirchliche Milieu wie in meiner Jugend.

Sieben Novizen waren wir damals, und davon sind zwei geblieben. Im Schlafsaal haben wir zu siebt geschlafen. Der Tag im Kloster beginnt um zwanzig vor fünf. Das fiel mir anfangs sehr schwer. Um fünf Uhr früh ist das erste Chorgebet, danach Zeit für die eigene biblische Betrachtung. Da waren wir manchmal ziemlich müde. Anschließend war Unterricht, danach oft Zeit für Sport und am Nachmittag für einen Spaziergang. Aber man kann sich an den Rhythmus gewöhnen.

Mein Ziel war damals, in die Welt zu gehen, schließlich sind wir in Münsterschwarzach Missionsbenediktiner, und ich kann mich erinnern, dass mich im Noviziat mit den rein klösterlichen Aufgaben stets die Angst beschlichen hat, dass sich meine Fähigkeiten hier nicht entfalten könnten und ich sogar verkümmern würde, wenn ich nur im Kloster bliebe. Ich war immer noch sehr verunsichert, aber zugleich auch sehr begeisterungsfähig. Als Novizen mussten wir Führungen halten für Besuchergruppen, die hierher kamen, um das Kloster zu besichtigen. Da war ich voller Begeisterung und habe von der Klostergeschichte erzählt. Heute würde ich sicher nicht mehr so begeistert erzählen, sondern viel nüchterner. Damals hätte ich dagegen noch keine längeren Vorträge vor Publikum halten können, weil ich noch sehr schüchtern war. Aber ich war immer stolz, wenn ich etwas weitergeben konnte. Bei den Führungen konnte ich als Novize spüren, dass ich andern etwas zu sagen habe.

Im Noviziat 1964

Der Name Anselm

Nach Anselm von Canterbury habe ich meinen Ordensnamen gewählt. Aber als ich diesen Namen gewählt habe, wusste ich inhaltlich noch nicht so viel von ihm, sondern nur, dass er der bedeutendste Theologe aus dem Benediktinerorden war. Während der Schulzeit hatte ich zwar immer wieder etwas von und über ihn gelesen. Aber als ich bei der Noviziatsaufnahme den heiligen Anselm zu meinem Patron wählte, wusste ich vor allem, dass er Benediktiner war. Er ist der größte benediktinische Theologe des Mittelalters. Thomas von Aquin war Dominikaner und Bonaventura Franziskaner. Das waren die drei großen Theologen des Mittelalters, und Anselm war einer der Ersten, die versuchten, den Glauben mit der Vernunft zu durchdringen. Er stammte aus Aosta in Piemont, kam dann nach Bec in der Normandie, war dort Abt und gründete eine theologische Schule. Später ist er zum Erzbischof von Canterbury gewählt worden. Dort bekam er Streit mit dem König von England und wurde zweimal verbannt. 1109 ist er in Canterbury gestorben.

Anselm von Canterbury ist für mich eine faszinierende Gestalt. Da ist einmal sein Programm *fides quaerens intellectum* – der Glaube, der nach Einsicht sucht – für mich sehr wichtig. Intellekt heißt bei ihm nicht die Ratio, sondern kommt von *intus legere* – »nach innen lesen« oder »von innen heraus sehen«. Das deutsche Wort »Einsicht« ist dafür durchaus eine gute Übersetzung. Hineinsehen, also tiefer hineinsehen, es verstehen wollen mit dem Verstand, mit der Vernunft. Das finde ich ein wichtiges Programm. Die Vernunft löst den Glauben nicht auf, sondern macht ihn für uns denkende Menschen verantwortbar. Außerdem ist Anselms Theologie eine betende. Sein *Proslogion*, in dem er den sogenannten ontologischen Gottesbeweis führt, beginnt nicht nur mit einem Gebet, sondern auch der Gottesbeweis ist in das Beten eingebettet. Gott ist für Anselm »etwas, über dem Größeres nicht gedacht werden kann«. In diesem Begriff ist schon der Überstieg vom Denken in das Sein enthalten. Denn wenn das Größte, das gedacht werden kann, nicht existiert, ist es nicht mehr das Größte. Anselm ist mit seiner Satisfaktionstheorie, die er in »*Cur deus homo* – Warum Gott Mensch geworden ist« entfaltet hat, etwas in Verruf geraten. Doch oft hat man Anselm falsch verstanden. Er wollte verstehen, warum Jesus für uns gestorben ist. In seiner Argumentation wollte er eigentlich die Würde und Freiheit des Menschen wahren. Doch wir haben seine Sprache rein juristisch ausgelegt, also mit unserer juristischen Sprache von heute und nicht mit der Sprache der damaligen Zeit. Er wollte dagegen etwas anderes: Er wollte lediglich versuchen, das Geheimnis des Todes Jesu am Kreuz zu verstehen – und das ist auch mein Anliegen. Die Lösung, die er geboten hat, führte zur sogenannten Satisfaktionslehre. Aber die hat nichts mit der landläufigen Meinung zu tun, Jesus musste sterben, damit Gott uns die Sünden vergeben könne. Inzwischen gibt es zu Anselms Lehre neue Deutungen. Gisbert Greshake meint, Anselm wollte die Freiheit und die Ehre des Menschen geachtet wissen. Dieses Anliegen müsste man heute sicher in einer anderen Sprache auslegen. Anselm empfinde ich nach wie vor als einen wichtigen Theologen. Er hat zum Beispiel ein Gebet geschrieben, in dem er Jesus als unsere Mutter bezeichnet. Also auch dieser feministische Aspekt ist bei ihm zu finden. Gerade seine Gebete sind sehr emotional, Anselm hat eine sehr warme und betende Sprache, und ich denke, davon könnten Theologen heute lernen.

Mein Ziel: Die Theologie

Als ich ins Kloster gegangen bin, war es für alle klar, dass diejenigen, die Abitur haben, Theologie studieren und Priester werden. Das war vom Orden her so vorgesehen, und auch für mich gab es da keinen Zweifel. Ebenso war klar, dass ich die ersten zwei Jahre in der Ordenshochschule St. Ottilien bei Landsberg am Lech studierte, wo man mehr Philosophie und die ersten theologischen Fächer wie Kirchengeschichte lernt.

In St. Ottilien war ich noch voller Ehrgeiz, habe Martin Heidegger gelesen und Jean Paul Sartre. Außerdem habe ich mir selbst das Schreibmaschineschreiben beigebracht. Bei der Lektüre von Martin Heideggers »Sein und Zeit« habe ich seitenweise Zitate notiert. Neben Heidegger habe ich vor allem Gabriel Marcel gelesen, etwa seine »Philosophie der Hoffnung«, und Ernst Bloch: »Das Prinzip Hoffnung«.

Wir sind damals zum Studium nach St. Ottilien mit dem Zug gefahren. In diesen Jahren fuhr man noch im Habit. Zehn junge Mönche im Habit, das war bei der Bahnfahrt immer spannend. Wir sind einfach aufgefallen. Teilweise sind Betrunkene auf uns zugegangen und wollten mit uns reden und alles Mögliche erzählen. Es war irgendwie peinlich, im Mittelpunkt zu stehen. Auf der einen Seite war es interessant, auf der anderen Seite komisch. Es gab im Zug zwar manchmal ganz gute Gespräche, aber meistens fallen die Leute in eine bestimmte Rolle, wenn sie einem jungen Mönch gegenüber sitzen, und dann kommen so Klischees. Es war nicht so ganz zufriedenstellend. Zwei Jahre später haben die Ordensoberen entschieden, dass man im Studium an die Uni in Zivil geht und nicht im Habit. Das war für uns eine Erleichterung. Sonst stand man immer auf dem Präsentierteller und galt als Exot.

Nach dem Philosophiestudium in St. Ottilien stellte sich die Frage, ob ich an der Universität Würzburg oder in der Ordensschule Sant' Anselmo in Rom weiterstudieren sollte. Ich habe das damals mit jüngeren Brüdern besprochen. Würzburg war sicher weltoffener, und nach Rom hatte es mich am Anfang gar nicht hingezogen. Aber dann begann ich zu ahnen, dass man in Rom mehr Zeit hat zum Studieren. Und es ist der Ort der weltweiten Kirche, also kommt man mit vielen anderen Nationen in Berührung. So habe ich mich also, als mich der Abt vor die Wahl stellte, für Rom entschieden.

Studium in Rom

Die Vorlesungen an der Ordensschule Sant' Anselmo in Rom wurden auf Latein gehalten. Aber bereits nach drei Wochen habe ich eine Vorlesung zum Alten Testament als Skript für die deutschen Studenten geschrieben. Das heißt, ich habe lateinisch gehört und deutsch geschrieben. Das war kein Problem. Natürlich haben die Professoren ihr je eigenes Latein gesprochen. Ob Deutsche, Amerikaner oder Spanier – bei jedem klang Latein jeweils ein bisschen anders. Rom habe ich zwiespältig erlebt: Da war auf der einen Seite die höchstmoderne und revolutionäre Befreiungstheologie in Südamerika. Ich habe Leonardo Boff gelesen. Auch die holländische Theologie war damals sehr modern. Wir hatten in der Bibliothek holländische Zeitschriften, und ich habe Schillebeeckx und Schoonenberg gelesen, alles natürlich auf Holländisch. Ich hatte in dieser Zeit sehr viel Zeit zum Lesen und las jeden Tag 150 Seiten theologische Literatur. Vormittags waren die Vorlesungen und nachmittags Zeit zum persönlichen Studium. Das habe ich mit großem Ehrgeiz ausgenutzt.

Die 68er-Bewegung hat uns Studenten in Rom nicht so berührt. Sant' Anselmo war schließlich ein kirchliches Ghetto und nur eine theologische Hochschule. So haben wir mit den Studenten in der Stadt wenig Kontakt gehabt.

In der Zeit nach dem Konzil gab es in Sant' Anselmo gute Professoren. Sie kamen meistens aus Deutschland oder der Schweiz und verkörperten eine offene Theologie. Da war Magnus Löhrer aus Einsiedeln und Raffael Schulte aus Gerleve für die Dogmatik und Notker Füglister aus Disentis für das Alte Testament. Letzterer hat mir ein Gespür dafür gegeben, dass Exegese sowohl wissenschaftlich als auch geistlich sein kann. Nicht so gut waren die praktischen Fächer wie Pastoraltheologie, und Moraltheologie war auch eher konservativ. Mit dem Moraltheologen Anselm Günthör haben wir lateinisch diskutiert. Als ich ihm einmal heftig widersprochen habe, hat der Professor zu mir gesagt: »*Si hoc credis, es protestanticus in senso pejorativo*«, also: »Wenn du das glaubst, bist du Protestant im

Während des Studiums bei einem Ausflug

negativen Sinne«. Wir merkten dann, dass es zwecklos war, mit ihm zu diskutieren. So haben wir in der Vorlesung lieber Zeitung gelesen.

Gefühle

Beim Studieren war ich voller Ehrgeiz. Aber in Rom kam ich auch mit meinen Gefühlen in Berührung. Da habe ich plötzlich bemerkt, dass ich eben nicht nur Kopf und Verstand bin. Damals war ich befreundet mit einem anderen Mönch und habe gemerkt, dass ich nicht einfach nur rational sein kann, sondern es auch andere Dimensionen gibt, emotionale Dimensionen. Das hat mich in eine richtige Krise gestürzt. Nach der Priesterweihe, als ich in Würzburg meine Dissertation schrieb, war ich den ganzen Tag im Zimmer. Ich habe zehn Stunden am Tag nur gelesen und geschrieben. Das ist nicht so besonders gesund für den Leib und für die Seele, aber ich war innerlich sehr verunsichert. Während der Doktorarbeit habe ich mich in eine Ordensschwester verliebt und bin mit meinen Gefühlen und Sehnsüchten in Berührung gekommen. Das war das Eine. Dann hatte ich aber noch ein anderes Problem: Wenn ich im Konvent war, schwitzte ich oft. Ich habe mich darüber geärgert. Aber ich merkte: Meine Identität war nicht so ganz klar. Wer bin ich eigentlich? Wer bin ich als Mönch? Wer bin ich als Anselm? Bis dahin war ich der ehrgeizige Student gewesen, aber jetzt war ich verunsichert. Ich musste meine Identität erst noch finden.

Meine Schweißausbrüche ärgerten mich besonders, wenn ich einen Vortrag halten sollte. Ich sagte mir: »Jetzt rede ich über psychologische Dinge, aber man sieht mir an, dass ich unsicher bin.«

Begegnung mit Graf Dürckheim und der Zen-Meditation

Anfang der Siebzigerjahre haben viele Benediktiner, aber auch Priester in der Kirche nach neuen Wegen gesucht, nach Wegen der Meditation und nach Erfahrungen in der Psychologie. Viele sind damals zu Karlfried Graf Dürckheim, einem Zen-Lehrer und Psychotherapeuten der

Jungschen Schule, nach Rütte in den Schwarzwald gefahren. Aus Münsterschwarzach war Pater Fidelis, der spätere Abt des Klosters, der Erste, der 1971 oder 72 nach Rütte gegangen ist. Dort wurden verschiedene spirituelle Methoden gelehrt, zum Beispiel Aikido. Ich war in dieser Zeit insgesamt dreimal da – einmal drei, und einmal zwei Wochen und schließlich noch einmal eine Woche – und nahm bei Dürckheim private Stunden. Dabei habe ich mit ihm auch viel über meine Träume und Probleme gesprochen. Als junge Mönche haben wir ja unsere Internatserziehung mit dem ganzen vorklösterlichen Drill sehr in Frage gestellt und immer gesagt, wir seien internatsgeschädigt. Persönlich hatte ich damals das Gefühl, dass ich psychisch gar nicht so stabil oder normal bin. Durch das Einüben in Zen-Meditation habe ich dann gemerkt, dass ich sowohl einen inneren Weg gehen muss als auch einen therapeutischen, um mit mir wieder im Reinen zu sein. Rütte hat mir Mut gemacht und geholfen, mit mir selbst in Berührung zu kommen.

Überhaupt hat uns Dürckheim sehr geholfen, im eigenen Leib zu sein und einen neuen Zugang zu den Gebärden beim Gebet zu finden. Durch ihn wurde uns das Chorgebet zu einem Übungsweg. So hat Umgang mit dem Leib unser geistliches Leben vertieft und bereichert.

Natürlich gab es auch einige, die als seine Verehrer dort hängen geblieben sind. Davon, dass er nur kopiert wurde, war er aber gar nicht begeistert. Die Guru-Rolle, in die ihn einige gedrängt haben, wollte er gar nicht spielen.

Ich habe Graf Dürckheim viel zu verdanken. Er war ein guter Therapeut und ein lebenserfahrener Mensch.

Auf dem Weg zur Promotion

Im Theologiestudium in Rom haben mich vor allem zwei Gebiete interessiert; ich habe lange geschwankt zwischen Exegese und Dogmatik. Es hat mich sehr interessiert, wie ich die Bibel verstehen und auslegen kann. Aber auch bei der Dogmatik geht es um die Frage, die mich immer bewegt hat, nämlich wie man die christliche Botschaft verstehen kann und welche Erfahrung hinter ihren Sätzen steckt. Wie kommen die Leute auf die Idee, solche dogmatischen Aussagen zu machen, und welche Erfahrung steckt dahinter? Seit dem zweiten Jahr des theologischen Studiums hat mich die Frage nach der Erlösung durch das Kreuz bewegt. Die wird zwar in der Theologie überall verkündet, aber wie kann man das verstehen? Deswegen habe ich bereits im vierten Jahr eine Lizenziatsarbeit dazu geschrieben – damals hat man das normale Studium mit Lizenziat abgeschlossen. Ich schrieb über Erlösung durch das Kreuz bei Paul Tillich, einem evangelischen Theologen. Dazu habe ich alle Bücher von Tillich gelesen und wollte an diesem Thema in meiner Dissertation weiterarbeiten. Aber dann stellte sich heraus, dass jemand anders bei Hans Küng an diesem Thema arbeitete. Seine Arbeit ist zwar nie erschienen – anscheinend hat er aufgegeben – aber ich musste nun überlegen, wie ich an das Thema heranging. Das Thema »Erlösung durch das Kreuz« war für mich klar, nur über wen, das war die Frage. Am Anfang wollte ich zum Beispiel über die liberale evangelische Theologie von Albrecht Ritschl oder über Friedrich Schleiermacher arbeiten, aber das, was ich da gelesen habe, war mir ein bisschen zu fremd. Schließlich kam ich auf Karl Rahner. Den hatte ich schon immer geschätzt, weil er die katholische Theologie weitergebracht hat, indem er die Tradition bewahrt und sie zugleich auf die heutige Zeit hin geöffnet hat. So kam es, dass meine Dissertation schließlich hieß: »Erlösung durch das Kreuz. Karl Rahners Beitrag zu einem heutigen Erlösungsverständnis«.

Karl Rahner

Einige meiner Mitbrüder haben damals promoviert, und auch mir war es wichtig, in der Theologie qualifiziert zu sein. Als ich mit meiner Promotion begann, kannte ich Karl Rahner persönlich nicht, ich hatte nur seine Bücher gelesen. Als ich mit der Doktorarbeit anfing, habe ich noch einmal alle seine Bücher gelesen, 10 000 Seiten, und alles, was er gerade geschrieben hatte. Nach dem Lesen begann ich gleich, selbst zu schreiben, um zu sehen, wohin die Arbeit geht. Nach ein paar Wochen fragte ich Karl Rahner in einem Brief, ob ich ihn einmal treffen könnte, weil ich über ihn promoviere. Er lud mich freundlich ein, und so war ich eines Tages einen ganzen Nachmittag bei ihm in München und diskutierte mit ihm: Warum Erlösung durch den Tod? Was bedeutet Tod, was ist ein erlösender Tod? Es war ein sehr schönes Gespräch. Rahner legte dabei seine Füße auf den Schreibtisch und fing an, laut zu denken, und es ging zwischen uns hin und her. Er vermittelte mir sogar einen Zuschuss für den Druck meiner Doktorarbeit. Aber er hat auch gesagt, dass er keine Doktorarbeit lese, die über ihn geschrieben wurde. Trotzdem hat er mich öfter zitiert, weil ihm manche Theologen die Kreuzestheologie absprachen. Da konnte er dann immer entgegnen, dass ein Benediktiner über seine Kreuzestheologie geschrieben habe und es somit wohl eine geben müsse.

Rahners Sprache ist für uns heute teilweise etwas schwierig. Er geht stets von der scholastischen Theologie aus, der Theologie, die sich auf Thomas von Aquin beruft, und versucht sie auf moderne Fragestellungen hin zu öffnen. So vermittelt er, dass er nicht eine radikal neue Theologie entwirft, sondern die alte so bedenkt und formuliert, dass sie dem kritischen Denken von heute standhält. Für uns ist seine Sprache oft sehr abstrakt. Heute würde er sicher mehr Psychologie studieren als Philosophie. Er hatte damals den Dialog mit der Philosophie begonnen, eben mit Heidegger und einigen französischen Philosophen und Theologen, wie Joseph Maréchal, der die transzendentale Methode Kants und Fichtes auf die Philosophie des Thomas von Aquin angewandt und sie so auf neue Weise gedeutet hat, und Maurice Blondel, dem er folgt, wenn er auf das innere Bewusstsein des Menschen von Gott und einem göttlichen Heilbringer eingeht. Rahners sogenannte Transzendentaltheologie besagt, dass der Mensch in seinem Denken stets schon über das Konkrete hinausgehe auf einen absoluten Horizont, auf Gott, und dass er von innen her eine Ahnung habe, dass Gott Mensch werde und sich in einem Menschen für uns ausdrücke. Auf diese Weise wollte er den Menschen für das Verständnis der Menschwerdung Gottes in Jesus Christus öffnen. Rahner steht damit in Gegensatz zu Karl Barth, bei dem die Menschwerdung einfach von außen, von Gott auf uns zukommt, ohne dass wir eine innere Ahnung davon hätten. Rahner nimmt den Menschen mit seinem Verstand ernst. Beim Denken, sagt er, denken wir

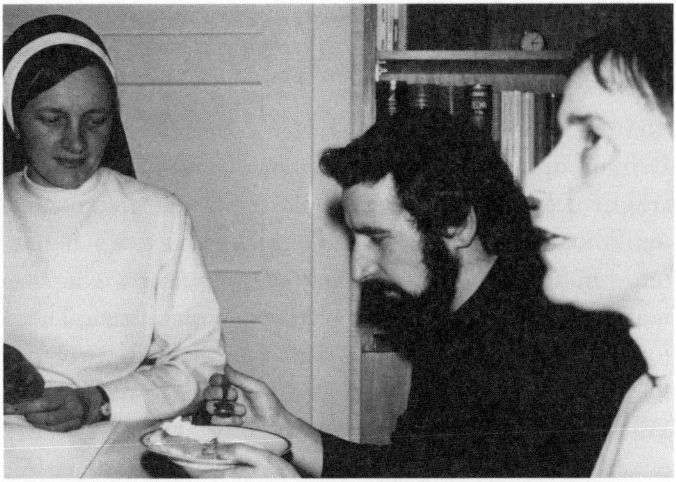

In Würzburg – Zeit der Doktorarbeit mit zwei Dominikanerinnen

stets schon über uns hinaus und letztlich Gott mit. Im Denken ist immer auch die Ahnung, dass Gott sich konkretisieren, ja sich selbst mitteilen wird. Jesus Christus nennt er »die absolute Selbstmitteilung Gottes«. Das sind alles Begriffe, die uns heute vielleicht fremd sind. Aber Rahner hatte den Versuch unternommen, vom Verstand her die Dogmatik zu durchdringen, indem er von einer natürlichen Religiosität der Seele sprach. Damit hat er vielen denkenden Menschen geholfen, sich neu für das Christentum zu interessieren.

Rahner war ein durchaus frommer Mann. Seine Predigten zum Kirchenjahr werden zum Beispiel bei uns in Münsterschwarzach noch heute oft im Chorgebet gelesen. In ihnen spricht er ganz einfach, und man spürt da seine Frömmigkeit.

Zum Cellerar berufen

Mein Bestreben war es nach der Promotion, entweder Dozent zu werden oder theologisch für die Seelsorge zu arbeiten, weil die Missionsbenediktiner zu diesem Zeitpunkt keine Ordenshochschule mehr in St. Ottilien hatten. Ich hätte dann nach Rom gehen müssen, aber das wollte ich nicht so unbedingt. Aber es kam ganz anders:

Nach dem Zweiten Vatikanischen Konzil hatte das Kloster ziemliche Probleme, weil viele, vor allem junge Mitbrüder ausgetreten sind. 1974 war der Höhepunkt der Krise. In diese Zeit fiel auch das Problem, einen Nachfolger für Pater Theophil zu finden, den Cellerar, der für die wirtschaftlichen Belange des Klosters zuständig war. Pater Theophil war damals Ende 60, und ein Mitbruder, der in Freiburg ein Volkswirtschaftsstudium absolviert und bereits in der Verwaltung des Klosters gearbeitet hatte, sollte sein Nachfolger werden. Doch dann hat dieser den Orden verlassen. In seiner Not erinnerte sich der Abt daran, dass ich durch mein Elternhaus doch eine wirtschaftliche Ader habe müsste. Er hatte damals auch keinen anderen gefunden, der bereit war, Cellerar zu werden. Als mich dann der Abt kurz nach meiner Promotion bat, Cellerar zu werden und dafür Betriebswirtschaft zu studieren, geriet ich erst einmal in eine Krise, denn das war absolut nicht mein Wunsch, und im Studium war das überhaupt nicht mein Ziel gewesen. Ich hatte auch Angst davor, dass die nur innerklösterlichen Aufgaben einen zu sehr in Beschlag nahmen und man nicht mehr nach außen wirken konnte. Es war die Angst, dass ich als Cellerar gar keine Zeit mehr für theologisches Arbeiten oder für die Seelsorge gehabt hätte. Deshalb habe ich lange gezögert und mich erst einmal mit jungen Mitbrüdern beraten, vor allem mit Pater Fidelis und Pater Meinrad.

Aber auch Pater Theophil war theologisch gebildet, also kein reiner Geschäftsmann, und nebenbei auch für die Liturgie im Kloster verantwortlich. Darüber hinaus hielt er bei den evangelischen Schwestern auf dem Schwanberg jede Woche einen Vortrag und hat sie sogar ein Stück weit seelsorgerlich mit betreut. Auch Theophil favorisierte mich als seinen Nachfolger. Nachdem ich die ersten Wochen in der Verwaltung gearbeitet und die erste Sitzung über Versicherungsfragen mitbekommen hatte, habe ich weiter gezögert und gemeint, das sei nichts für mich. Aber der Abt meinte: »Gut, Sie haben Bedenkzeit, aber in zwei Wochen entscheiden Sie sich.« Nach langem Hin und Her habe ich schließlich im Gehorsam »Ja« gesagt. Ich hätte auch »Nein« sagen können, denn Gehorsam allein war es nicht, diese Aufgabe zu übernehmen, sondern vielmehr eine Gewissensfrage: Lasse ich mich in die Ordensgemeinschaft einbinden und engagiere mich für sie oder gehe ich meinen eigenen Weg und suche mir die Arbeit, die mir am meisten liegt? Mache ich nur das Eigene, oder bin ich bereit, die Herausforderung für die Gemeinschaft anzunehmen?

Als ich mich entschieden hatte, war mein Gehorsam nicht gequält, und ich habe mich dann mit ganzem Engagement auf die neue Aufgabe eingelassen. Dabei habe ich entdeckt, dass ich durch eine klare und gute Organisation der Arbeit und ein gutes Arbeitsklima zu einer besseren Spiritualität des Konvents beitragen konnte. So engagierte ich mich sehr konkret für die Gemeinschaft.

Von der Dogmatik zur Betriebswirtschaftslehre

Als ich anfing, Betriebswirtschaft zu studieren, interessierte mich vor allem die Kostenrechnung. Mein Vater war ja auch Kaufmann. So wollte ich lernen, wirtschaftlich zu denken und die Arbeit so organisieren zu können, dass sie rentabel wird. Aber im Studium musste ich zuerst Statistik, Steuerrecht und Staatsrecht studieren. Das hat mich gar nicht interessiert. Die Juristerei ist überhaupt nicht meine Welt, dieses Denken liegt mir einfach nicht. Das war trocken. Ich habe mir deshalb ein paar eigene Schwerpunkte gesucht, aber es war dennoch ein ziemlicher Kontrast zum Theologiestudium, und mit Begeisterung habe ich da nicht studiert. Ich erinnere mich an so einen Steuerrechtler, der war ein fieser Typ. Der hat im kleinen Kreis immer die Leute dran genommen und lächerlich gemacht, weil sie natürlich nicht alles gewusst haben. Also das war keine angenehme Zeit. Dazu kam, dass ich in dieser Zeit noch sehr verunsichert war: Auf der einen Seite hatte ich promoviert, auf der anderen Seite war ich Erstsemester. Schon bei der Anmeldung haben die nicht gewusst, wie sie mich einordnen sollten. Und in diesem formalen Problem spiegelte sich meine eigene zwiespältige Identität. Im Nachhinein war es aber trotz allem auch eine gute Erfahrung, die mich weitergebracht hat.

Das Leben im Kloster

Bewegte Zeiten

In den Jahren von 1968 bis 1970 haben wir als junge Mönche im Konvent viel in Gang gesetzt. Nach dem Zweiten Vatikanischen Konzil war uns klar geworden, dass jeder seine eigene Entscheidung fällen muss. Viele waren ins Kloster gegangen, weil es die Eltern erwartet hatten oder weil es eben so üblich war. Damals hatte das Mönchsein noch das Image gehoben, aber das hat sich in den Siebzigerjahren radikal geändert. Vorher hatte es noch die Vorstellung gegeben, man finde im Orden den perfekten Weg, wenn man vollkommen sein will. Und für manche war das der Grund, Mönch zu werden, weil man im Orden automatisch ein besserer, gottgefälligerer Mensch sein würde. Diese Ideen hatten da mitgespielt und wurden durch das Zweite Vatikanische Konzil entlarvt. Dieses stellte klar: Ein Ordensmann ist nicht besser als ein Laie. Dass der geistliche Weg jetzt unabhängig davon sei und das Mönchsein eine eigene Berufung darstelle, war eine neue Definition, und viele, die damit nicht so klarkamen oder vorher einfach mitgeschwommen waren, sind daraufhin ausgetreten. Man kann nicht sagen, das Konzil sei schuld gewesen, aber es provozierte doch ganze neue Überlegungen.

Wir, also Mitbrüder aus der 68er-Generation, hatten daraufhin gegen vieles im Kloster rebelliert. Wir überlegten ganz grundsätzlich, was es heißt, heute Mönch zu sein. Damals hatte in Paris jemand an eine Häuserwand geschrieben *»je suis moine«* – »Ich bin Mönch« – oder so ähnlich. Dahinter stand die Idee, dass Mönche Aussteiger sind, also ein alternatives Lebenskonzept haben. In dieser Richtung haben auch wir jungen Ordensleute gesucht und uns gefragt, worin unser alternatives Konzept bestehe. Wir haben nicht einfach nur alles über den Haufen geworfen, sondern konstruktiv gesucht und sind auf die ägyptischen Wüstenväter gestoßen, die auch Aussteiger waren. Peter Sloterdijk hat da einiges dazu geschrieben. Der hat dafür ein Gespür, so eine Sympathie für diesen Weg des Mönchseins.

In der Theologie oder im Noviziat hatte ich mich wenig mit dem frühen Mönchtum beschäftigt. Aber Fidelis hatte Moraltheologie studiert und bei Alfons Auer, dem Moraltheologen, über das monastische Thema »Gehorsam bei Pachomius«, einem ägyptischen Mönch und Klostergründer, promoviert. Dafür hatte er zuvor zwei Jahre am monastischen Institut in Rom studiert und beschäftigte sich intensiv mit der Frage, was Mönchtum sei und wie wir es heute überzeugend leben könnten. Früher war das benediktinische Mönchtum vor allem von der Beuroner Prä-

In Rom mit Mitstudenten

gung bestimmt. Da stand die Liturgie im Mittelpunkt. Das Mönchtum wurde ästhetisch und nicht asketisch gedeutet. Aber Mönchtum ist auch ein persönlicher Weg, bei dem der Umgang mit den Gedanken und den Leidenschaften sehr wichtig ist. Wir haben gemerkt, dass wir diese Wurzeln wieder brauchen. Und wir haben bei der Lektüre der Wüstenväter gespürt, dass da Erfahrung dahinter steckt. Es stellte sich die Frage, wie wir die Erfahrung der Psychologie und die Erfahrung dieser Mönche miteinander verbinden konnten.

Das benediktinische Mönchtum, wie es vor allem die Beuroner oder Laacher geprägt hatten, ist 1860/70 nach der Säkularisation in der Restaurationsbewegung entstanden. Damals waren Romantik, Choral und Ästhetik wichtig, aber es war eine einseitige Form des Mönchtums. Darum haben wir die Mönche der ersten Jahrhunderte wiederentdeckt, bei denen das spirituelle Leben im Mittelpunkt steht. Nur von Liturgie kann keine Gemeinschaft leben.

Ich habe kürzlich noch einmal die Gefängnisaufzeichnungen von Alfred Delp gelesen. Er schreibt da über die Orden, über die Jesuiten, Kapuziner und Benediktiner und meint, dass die drei durchaus eine Zukunft hätten, aber die Benediktiner müssten zurück zu Benedikt. Sie müssten sich verabschieden von einem bürgerlichen Feudalismus und von einem geistlichen Ästhetizismus nach Beuroner Art. Uns war es wichtig, dass Mönchtum etwas Anderes ist, ein ganz persönlicher innerer Weg.

1978 ist Fidelis Prior geworden. Er versuchte, einige Ideen umzusetzen, die uns als die 68er-Generation bewegt haben. Als Cellerar habe ich ihn dabei unterstützt. Mein Anliegen war stets die Verbesserung unserer Gemeinschaft, und das habe ich damals mit Pater Fidelis diskutiert. Mit ihm habe ich über die Art philosophiert, wie wir arbeiten und wie wir die Spiritualität unserer Gemeinschaft heben wollten.

Im Jahre 1982 ist Fidelis zum Abt gewählt worden. Das war ein gewisses Paradox, denn er war zuvor unser Hauptrevolutionär gewesen und hatte ja seine Doktorarbeit über Pachomius geschrieben, weil er mit unserem bisherigen Verständnis von Gehorsam nicht zurechtkam. Nun wurde er selbst Abt und sollte von seinen Mönchen Gehorsam einfordern. Fidelis hat einen neuen Anfang markiert, denn er legte viel Wert auf Gemeinsamkeit, auf Gespräche und Beratungen. Er gründete die Dekanien, also kleinere Gruppierungen, die sich untereinander austauschen. Dann kamen die Konventstage hinzu, an denen wir viel für uns getan haben. Wir sind miteinander mehr ins Gespräch gekommen. Bei einer Männergesellschaft besteht die Gefahr, dass jeder seinen Weg geht und das Miteinander steril wird. Wenn eine Gemeinschaft nichts für sich tut, erstarrt sie innerlich.

Anfang der Siebzigerjahre hatten wir jungen Mönche revoltiert. Aber wir bemerkten schnell, dass es keinen Zweck hatte. Wenn wir revoltieren, erzeugen wir bei den älteren Mitbrüdern Angst. Wir entschieden uns deshalb, in Tagungen für die Mitbrüder spirituelle Themen anzusprechen wie »Beten im Mönchtum« und »Meditation im Mönchtum«. Dazu haben wir im Konvent Arbeitstage gehalten und gemeinsam über unser Beten gesprochen. Es waren also ganz fromme Tagungen, ohne den Anspruch, alles anders zu machen. Gerade das war für uns Junge gut, dass die Alten, etwa die 80-Jährigen, auf einmal anfingen zu erzählen, was sie für Probleme hatten beim Beten und was ihnen half. Da war auf einmal kein Gegeneinander mehr, sondern ein ehrlicher Erfahrungsaustausch. Mein Buch über die Lebensmitte ist zum Beispiel aus so einer Tagung entstanden (Lebensmitte als geistliche Aufgabe, Vier-Türme-Verlag 1980). Auslöser war, dass zwei Mitbrüder mit 40 Jahren aus unserer Ordensgemeinschaft ausgetreten sind. Das war ungewöhnlich, denn die meisten Austritte erfolgen mit Anfang 30. Aber dass Mitbrüder noch mit 40, also in der Lebensmitte, austreten, das hat uns geschockt. Der erste Gedanke war, unsere Gemeinschaft stimme nicht und wir müssten etwas dagegen tun. Der damalige Abt Bonifaz war zwar offen und ließ uns unseren Weg gehen, aber er hatte Angst vor Aussprachen in der Gruppe. Eine Gemeinschaft zu fragen, was alles schieflaufe, das erzeugt bei den Verantwortlichen oft Angst oder Verteidigung. Daher haben wir das Thema offener gehalten und uns allgemein mit der Lebensmitte auseinandergesetzt. Ich habe über den Schweizer Psychologen C. G. Jung gesprochen und Pater Fidelis über den deutschen Mystiker Johannes Tauler. Daraufhin kamen gute Gespräche in Gang, und es ist sicher mehr bewegt worden als durch Konfrontation oder Kritik. Die Fronten Alt gegen Jung sind aufgebrochen, und das gemeinsame Nachdenken über das Sachthema hat die Gemeinschaft zusammengeführt.

Jetzt gehöre ich nicht mehr zu den Jüngeren, und es gibt andere junge Novizen. Die haben ihre eigenen Ideen, und der Abt versucht, sie in die Konventsitzungen mit einzubeziehen, sodass sie auch mitreden können – und das ist wichtig. Es gibt manche Klöster, in denen die Jungen überhaupt nichts zu sagen haben. Dort hängen die Alten an ihren Posten und lassen die Jungen nicht hochkommen.

Stabilitas Loci und Reisetätigkeit

Als ich in den Konvent eingetreten bin, hatte ich Angst, dass es im Kloster eine Art Inzucht gibt und man nur um sich selbst kreist. Inzwischen habe ich diese Angst nicht mehr. Im Gegenteil – jetzt muss ich mich eher abgrenzen, damit ich als normaler Mönch im Kloster leben kann.

Ich verwirkliche sicher nicht das Bild eines idealen Mönchs, aber wir sind Missionsbenediktiner, und ich bin seit 45 Jahren ununterbrochen in der Abtei Münsterschwarzach geblieben, außer im Studium und bei meinen Reisen. Das Reisen habe ich erst in den letzten Jahren angefangen. Bis dahin war ich immer in Münsterschwarzach und mache das ganze Leben im Kloster mit. Natürlich gibt es eine gewisse Spannung zwischen dem Klosterleben und meiner öffentlichen Wirksamkeit, aber mir ist der Rhythmus des Klosterlebens wichtig. Und ich spüre, dass mir ein gutes Miteinander von Gebet und Arbeit, von Innentätigkeit und Außenwirkung, von Einsamkeit und Gemeinschaft, guttut. Ich habe meine Zelle, in die kein anderer hereinkommt, und ich habe meine Gebetszeiten. Vorträge habe ich in den ersten Jahren nur einmal in der Woche gehalten oder noch seltener, jetzt sind es zwei in der Woche, und dann ist noch jeden Dienstag einer in Würzburg dazugekommen. Mittwoch wollte ich mir freihalten. Aber manchmal ist da auch noch ein Vortrag. So sind es doch meistens drei oder vier in der Woche, und am Wochenende habe ich immer Kurse, entweder hier im Gästehaus oder in Würzburg. Die meisten Anfragen von auswärtigen Bildungsstätten sage ich ab. In anderen Bildungshäusern halte ich keine Kurse, sondern höchstens Vorträge. Aber darin sehe ich auch meine missionarische Aufgabe.

Die Reisen sind eigentlich erst seit sechs Jahren dazugekommen. Vorher bin ich in Polen und Tschechien gewesen, aber immer nur am Wochenende. In Mexiko war ich auch nur vier Tage, von Donnerstag bis Sonntagabend. Da habe ich dann sechs oder sieben Vorträge gehalten. In Argentinien und Brasilien war ich je fünf Tage. Das alles empfinde ich als meine missionarische Sendung. Ich bin dankbar, wenn ich spüre, dass meine Bücher dort auch gelesen werden. Eine Stimme, die versucht, Spiritualität und Psychologie zu verbinden, wird offensichtlich auch dort gesucht. Die gibt es vor Ort nicht entsprechend, sodass meine Bücher eine Hilfe für viele Menschen sind, und dafür bin ich einfach dankbar. Besonders nahe fühlte ich mich den Menschen in Asien, in Korea und Taiwan. Da ist offensichtlich meine alte Liebe vom Noviziat wieder durchgebrochen und ich spüre eine gleiche Wellenlänge. Die Menschen aus einer ganz anderen Kultur verstehen meine Gedanken und empfinden sie als Hilfe für ihren Glauben und für ihr Leben.

Die Spannung zwischen dem Mönchsein und diesem Nach-außen-orientiert-Sein erlebe ich immer wieder. Und ich suche nach dem rechten Maß – was stimmt für mich und was stimmt nicht? Ich versuche ebenso, mich abzugrenzen, und da ist das Mönchsein durchaus eine Hilfe. Da gibt es eine klare Struktur, und ich kann sagen, während der Vesper nehme ich eben nichts an, keine Gespräche und nichts. Es ist mir also bis heute wichtig, beides zu haben: das Leben im Kloster und außerhalb.

Armut

Auf das Thema Armut in der Welt haben wir Benediktiner keine letzte Antwort. Die ist sicher eine Herausforderung für die ganze Gesellschaft und besonders für die Politik. Wie gehen wir mit den Menschen um, die ihre Armut nicht selbst verschuldet haben oder einfach da hineingeraten sind? Alleinerziehende Mütter sind zum Beispiel oft arm mit ihren Kindern. Oder Leute, die krank und arbeitslos geworden sind.

Das ist das eine. Und dann gibt es viele Menschen, die ihr Leben nicht auf die Reihe bekommen. Das erlebe ich immer wieder. Auch die leiden natürlich an der Armut. Sie wollen arbeiten, aber es gelingt ihnen nur schwer, nicht nur, weil sie kaum Stellen kriegen, sondern weil sie psychisch nicht genügend Kraft haben, das Leben zu meistern. Das ist erschreckend, und da komme ich an Grenzen mit meiner Hilfe. Ich hatte so ein Paar, das ich versuchte zu begleiten, aber es war sehr schwierig. In Deutschland sind diese Menschen im Gegensatz zu Amerika wenigstens noch einigermaßen abgesichert. Aber wir brauchen auch Arbeit für solche Menschen. Das Problem ist nur, dass unsere Arbeitswelt immer höhere Anforderungen an die Menschen stellt und viele damit überfordert sind. In jeder Gesellschaft gibt es Hilfsarbeiter, aber die werden immer mehr durch Maschinen ersetzt. Dadurch züchten wir immer mehr Menschen heran, die dem Leben nicht mehr gewachsen sind. Es wäre heute viel Fantasie nötig, für diese Menschen Beschäftigungsmöglichkeiten zu finden, die ihrer Kapazität entsprechen.

Für mich persönlich ist Armut kein Thema. Ich bin in bescheidenen Verhältnissen aufgewachsen. Mein Vater hatte ein Geschäft gehabt, aber es waren nach dem Krieg schwierige Zeiten. Für Luxus war kein Geld da, und er ist auch keine Versuchung für mich. Wenn ich mit Banken zu tun habe, werde ich oft zum Essen in teure Lokale eingeladen. Da würde ich selbst nie hineingehen. Ich kann das zwar schon einmal genießen, aber es weckt keine Sehnsucht in mir. Bei meiner Arbeit im Kloster ist Armut nicht das Thema – im Gegenteil: Als Cellerar versuche ich, die Abtei auf eine gute wirtschaftliche Basis zu stellen, aber Mönchsein bedeutet auch, einen einfachen Lebensstil zu führen. Wir hatten zum Beispiel vor zwei Jahren eine große Diskussion. Wir mussten den Ostbau mit der Klausur der Mönche renovieren, und da stellte sich die große Frage, ob wir in jedes Zimmer eine Nasszelle einbauen oder die schlichten Zellen belassen wie bisher, nur eben renoviert und mit moderner Heizung. Ich vertrat das einfache Leben, denn ich kenne genügend Klöster, die ihre Räumlichkeiten aufgerüstet haben mit der Folge, dass jeder Mönch in seinem eigenen Bereich lebt und sich isoliert. Ein Architekt hatte mich gefragt: »Wollt ihr ein Beamtensilo oder ein Kloster?« Es ist für mich eine spirituelle Frage, wie wir bauen, wie wir die spirituellen Räume gestalten und wie wir den Wohnbereich ausstatten. Natürlich habe ich gerne eine Nasszelle, wenn ich in einem Bildungshaus zu Gast bin. Und als wir 1979 ein Gästehaus planten, haben wir gegen den Widerstand vieler Mitbrüder Nasszellen eingebaut. Es entspricht den Bedürfnissen der Gäste und macht ein Gästehaus ruhig. Aber ein Kloster ist etwas anderes. Darin, wie wir wohnen und leben, zeigt sich, wie wir uns als Mönche verstehen. Meine Mitbrüder meinten einmal, ich müsste unbedingt einen neuen Golf haben, weil mein alter schon 320 000 Kilometer auf dem Tacho hatte, aber ich bin trotzdem damit gefahren. Jetzt habe ich doch einen neuen gekriegt, aber von mir aus hätte ich mir keinen gekauft.

Ehelosigkeit

Als junger Mann war ich immer wieder von Frauen fasziniert. Wenn wir im Internat Ausflüge hatten und dabei Mädchen begegneten, da spürte ich immer eine Faszination. Aber ich war eher schüchtern und bin von mir aus nie auf Mädchen zugegangen. Ich bin mit drei Schwestern aufgewachsen, und es gab stets ein vertrautes Miteinander. Aber die Begegnung mit fremden Mädchen ist doch noch etwas anderes. Total aus der Bahn geworfen hat mich diese Faszination für das andere Geschlecht allerdings auch wieder nicht, weil es für mich eigentlich immer klar war, dass ich den klösterlichen Weg gehen will. Es gab zwar ab und zu eine Verunsicherung, aber nicht so, dass ich vor dem Austritt gestanden hätte.

Mit ein oder zwei älteren Mitbrüdern habe ich auch über meine sexuellen Fantasien und Gefühle gesprochen, das war sicher wichtig. Aber mit Gleichaltrigen konnte man zumindest damals nicht darüber sprechen. Wir haben mal einen Witz über das Thema gemacht oder allgemein über Ehelosigkeit gesprochen, aber das war es dann. Jeder hat für sich selbst Wege gesucht und höchstens im Beichtgespräch darüber gesprochen.

Man kann Ehelosigkeit besser in der Ordensgemeinschaft leben als allein. Aber auch eine Männergemeinschaft ersetzt nicht die Zuwendung, die man in einer Beziehung zu einer Frau findet. Deshalb ist es auch nicht verwunderlich, dass sicher 80 Prozent der Mitbrüder, die ausgetreten sind, dies wegen einer Frau getan haben.

Graf Dürckheim, auf den ich später noch zurückkomme, meinte, Sexualität sei nicht nur genitale Sexualität, sondern beinhalte auch, einfach mit allen Sinnen zu leben und sich im Leib zu spüren. Im Gespräch mit ihm haben wir Wege entdeckt, wie wir die Ehelosigkeit sinnvoll leben können, wie wir Eros-Kraft in unser Leben integrieren und wie wir die Sexualität in Kreativität verwandeln können. Auch später, in den Neunzigerjahren, haben wir im Recollectio-Haus oft über die Bedingungen gesprochen, die ein gelingendes zölibatäres Leben ermöglichen. Es gibt für mich vier Faktoren:

Einmal eine gesunde Lebenskultur. Ich erlebe bei Priestern oft, dass sie manchmal verwahrlost sind, dass sie keine Kultur des Lebens, des Essens, des Wohnens haben. Wenn sie keinen Sinn für Kultur, für Musik, für Malerei, für die Schönheit der Schöpfung haben, suchen sie woanders nach einem Zuhause, etwa bei einer Frau.

Das Zweite sind gesunde Beziehungen, Freundschaften. Als ich in den Orden eingetreten bin, hat man in Klöstern noch vor Privatfreundschaften gewarnt. Bei Privatfreundschaften hatte man sofort Angst, da könnte Homosexualität vorliegen. Wir mussten sogar noch »Sie« zueinander sagen. In der Schule hatten wir uns immer geduzt, und jetzt sollten wir im Noviziat auf einmal »Sie« sagen, damit ja keine Privatfreundschaft entstand. Das war irgendwie komisch. Aber erst zwei oder drei Jahre nach dem Zweiten Vatikanischen Konzil wurde diese Regel abgeschafft.

Bei einem Fest im Dominikanerinnenkloster Neustadt am Main

Als Fidelis Abt geworden war, hat er dem Konvent die Frage gestellt, ob jeder für sich von einem Mitbruder sagen könne, er sei sein Freund. Freundschaft ist für das geistliche Leben, gerade in der Ehelosigkeit, wichtig. Freundschaftliche Beziehungen vertiefen auch die Freundschaft zu Gott oder zu Jesus Christus. Die zweite Bedingung ist also, gute Beziehungen zu haben, Freundschaften zu Männern und zu Frauen. Natürlich ist das stets eine Gratwanderung, und ich darf eine Frau nicht abhängig machen. Ich kenne Priester, die eine Freundin haben, und der Priester behält seine Position, aber die Freundin wird mehr oder weniger eheunfähig und erfüllt doch nicht alles. Das ist dann keine Beziehung auf gleicher Augenhöhe. Es ist eine neue Form von Klerikalismus. Deswegen ist es immer wichtig, die Freiheit zu behalten, aber freundschaftliche, offene Beziehungen zu Männern und Frauen zu pflegen.

Das Dritte ist die Kreativität. Das Leben muss fließen, und das ist für mich sicher das Schreiben. Das ist eine Form von Kreativität, und ebenso die Arbeit hier in der Verwaltung, bei der ich etwas gestalten kann.

Das Vierte ist die mystische Spiritualität. Spiritualität hat auch etwas mit Ekstase zu tun, mit Sich-vergessen-Können, mit Hingabe.

Als ich in den Orden eingetreten bin, galt Spiritualität vor allem als Pflichterfüllung. Wenn man alles richtig gemacht hatte, war das bereits eine Form von Spiritualität. Aber das ist zu wenig, denn es muss die emotionale Dimension hinzukommen. Es braucht die Sehnsucht nach Liebe, nach Heimat, nach Leben, um Gott als die Erfüllung meiner Sehnsucht zu erahnen. Alles, was ich sonst vielleicht in einer Beziehung zu einer Frau lebe, muss ich im Gebet Gott hinhalten: die Sehnsucht meines Leibes, also die Sehnsucht, die in der Sexualität steckt. Nur was ich Gott hinhalte, kann verwandelt werden. Wenn ich in der Meditation eins werde oder wenn ich in der Natur bin und die Sonne spüre, dann empfinde ich Lust. Ich bin im Körper eins und in diesem Augenblick ist alles eins. Sexualität und Geist, Gefühle und Sinnlichkeit, alles ist eins. Solche Erfahrungen von Einheit zu machen, bei der nichts ausgeklammert ist, das ist die mystische Erfahrung. In meiner Jugend war Spiritualität mehr so etwas wie Askese. Sexuelle Fantasien waren sofort verboten, die durften nicht sein, und sexuelle Regungen musste man unterdrücken. Es ging darum, sie abzuschneiden, zu verdrängen. Das führt aber zu krankhaften Formen oder zu einer sehr angestrengten Spiritualität. Das andere ist, Sexualität zwar nicht auszuleben, sie aber in sich hineinfließen zu lassen. Ich spreche deswegen nicht so gern von Sublimierung wie Sigmund Freud, sondern von der Integration, von dem Hineinströmen der Sexualität in die Arbeit, in die Beziehungen, aber eben nicht in die genitale Sexualität.

Es ist für mich also wichtig, dass Sexualität eine Quelle von Spiritualität ist. Wenn ich das so beschreibe, gibt es regelmäßig einige Bischöfe, die sich darüber aufregen, weil sie denken, ich spreche von gelebter, also genitaler Sexualität. Aber wenn ich Gespräche darüber mit Ordensleuten oder mit Eheleuten führe, wenn man also ehrlich über Sexualität redet, zeigt sich, dass es bei diesem Thema nie eine heile Welt gibt, weder im Orden noch in der Ehe. Über die Brüchigkeit, die jeder erfährt, offen und ehrlich zu reden, ist sehr wichtig. Die Eheleute müssen genauso versuchen, ihre Sexualität zu gestalten, aber sie brauchen auch etwas, das über die Sexualität hinausweist. Mir hat ein Therapeut mit vier Kindern von seiner

Lehrtherapie erzählt. Seine Therapeutin sagte zu ihm: »Wenn du in der Sexualität nicht mehr siehst, als mit einer Frau zu schlafen, wirst du krank.« Bei ihm kam die Sexualität zu seiner Frau erst wieder in das richtige Maß, als er das Malen angefangen hat, und so seine Kreativität wieder ins Fließen kam. Das ist für mich wichtig, und das erlebt man auch in Gemeinschaften. Es gibt sterile Gemeinschaften, und sterile Gemeinschaften haben immer etwas mit Unterdrückung von Sexualität zu tun.

Es gibt auch die Erfahrung mystischer Liebe, aber nicht als Dauererfahrung. Wir hatten im Recollectio-Haus das Thema, dass Menschen, die den buddhistischen Weg gehen, manchmal ihre Beziehungsunfähigkeit überspringen, anstatt sie zu betrauern. Auch bei manchen Priestern und Ordensleuten gibt es das Phänomen, dass sie ihre Defizite nicht betrauert, sondern eine religiöse Theorie daraus gemacht haben, und dann zum Beispiel den Zölibat verherrlichen. Ein Therapeut sagte einmal zu uns Ehelosen: »Ihr müsst betrauern, dass ihr keine Frau habt. Ich muss betrauern, dass ich nur die eine Frau habe.« Also, die Ehe beinhaltet auch das Ja-Sagen zur Durchschnittlichkeit. In allen Lebensformen gibt es eine Grenze und eine Wunde, die man betrauern muss. Alexander und Margarete Mitscherlich haben in ihrem berühmten Buch »Die Unfähigkeit zu trauern« (Piper 1967) dazu geschrieben: Wer nicht betrauert, der erstarrt innerlich. Das Betrauern führt dagegen in das eigene Potenzial, sodass ich dazu »Ja« sagen kann. Ich sage mir dann: »Da ist die Wunde, und die betrauere ich und das tut weh, aber ich komme auch mit dem Positiven in Berührung.« Wenn ich aber so euphorische Theorien höre, bin ich skeptisch. Denn Euphorie, habe ich gemerkt, ist stets eine Flucht

Hochzeit der jüngsten Schwester

vor der Realität. Es muss alles toll sein. Bei amerikanischen Fernsehpredigern, die besonders strenge Moralpredigten halten, ist immer alles ganz toll und einfach, aber dann haben sie ihre sexuellen Affären. Wenn einer den Mund zu voll nimmt – und da ermahne ich auch mich selbst, dass ich den Mund nicht zu voll nehme –, bin ich sehr skeptisch. Denn das Leben ist stets ein Versuch. Es gelingt manchmal und manchmal gelingt es weniger gut, und das führt zur Gelassenheit und zum Vertrauen, nicht aber zum Perfektionismus. Und im Umgang mit der Sexualität gibt es keine Perfektion.

Ich kenne auch bei mir beides: die alte Tendenz mit dem Willen zum Perfekten, der alles im Griff hat, und dieses Sich-Aussöhnen mit der Unvollkommenheit. Da sind zwei Seelen in meiner Brust, wenn man so sagen will. Die alte Spiritualität ist in irgendeiner Kammer in mir noch drin, aber ich hoffe: Je älter ich werde, kann ich sie zwar wahrnehmen, aber sie hat nicht mehr die Macht, sodass die Gelassenheit vorherrscht und das Vertrauen, dass ich so, wie ich bin, von Gott angenommen bin. Sexualität beinhaltet immer einen Schrei nach Leben, nach Ekstase, wie sie letztlich in der Mystik erfüllt wird. Teresa von Avila hat erotische Beziehungen gehabt, und das war wichtig für ihren Weg. Das hat sie beflügelt, in Gott die Erfüllung ihrer Sehnsucht nach Liebe zu sehen.

Natürlich gab es beim Verzicht auf die Liebe auch öfter Krisen. Bereits im Noviziat hatte ich die Sorge, dass ich in einer reinen Männergesellschaft verkümmern könnte. Und selbstverständlich hatte ich während des Studiums und auch später, wenn ich in der Seelsorge mit Frauen zu tun hatte, immer wieder einmal Sehnsucht. Aber wenn ich das Thema »Heiraten und eine Familie haben« zu Ende dachte, kam stets das Gefühl in mir hoch: Nein, das stimmt für mich nicht. Es war da auch die Angst, zu verbürgerlichen. Sobald ich mir in Gedanken die Alternative Ehe und Familie erlaubt habe, wurde mir klar, dass ich zum Mönch berufen bin. Ich sage nicht, Ehelosigkeit ist immer schön, es gibt da durchaus eine Wunde oder ein Defizit, das ich durchaus spüre, aber es stimmt für mich so. Ich bin mit einer Familie befreundet. Er ist Psychologe, und mit dem Ehepaar habe ich öfter Kontakt. Die leben eine gute Ehe und ich freue mich daran. Ich habe ihre drei Kinder getauft. Aber der Freund versteht auch meinen Weg. »Manchmal«, sagt er, »beneide ich dich, du kannst einfach deine Tür schließen.« In jedem Mann steckt ein Mönch *und* ein Familienvater. Wir müssen uns für einen Weg entscheiden. Auf keinem Weg gibt es das reine Ideal, weder in der Familie noch in der Ehelosigkeit.

Jeder Weg hat seine Vorteile und seine Nachteile. Gewiss, verliebt war ich schon öfter. Es ist auch gut, verliebt zu sein und zu spüren: Ja, ich bin liebesfähig. Aber da ist dann immer die Frage: Wie integriere ich das in mein Leben? Wenn ich verliebt bin, spüre ich in mir eine tiefe Liebe. Die gehört mir und ist letztlich unabhängig von der Frau, in die ich mich verliebt habe. Die Erfahrung der Liebe führt mich in den Grund meiner Seele, in der die Quelle der Liebe strömt, die letztlich Gott ist. Beim Umgang mit der Liebe und mit Frauen ist für mich auch die Verantwortung gegenüber meinen Lesern wichtig. Ich könnte nicht doppelgleisig leben. Das könnte ich nicht verantworten, so zu schreiben und dann anders zu leben.

Auf dem mystischen Weg, der mich sehr fasziniert, begegne ich auch der Erotik. Die Mystiker haben ihre Erfahrungen oft in einer erotischen Sprache beschrieben. Erotik bedeutet, dass ich in meiner Spiritualität etwas von der Sehnsucht nach Ekstase, nach Sich-fallen-Lassen spüre. Sexualität ist die Sehnsucht, sich intensiver zu spüren, sich hinzugeben und Ekstase zu erleben. Spiritualität kann nicht nur Pflichterfüllung sein. Nur den Willen Gottes zu erfüllen, das wäre zu trocken. Es muss auch eine Erfahrung sein von Berührtsein. Wenn ich tief berührt bin, ist es letztlich eine erotische Erfahrung. Aber in der Spiritualität geht es nur manchmal um mystische Erfahrungen oder Augenblicke, und dann ist auch wieder Alltag, der in Treue und Redlichkeit gelebt werden will. Aber zu spüren, dass die Spiritualität in die Erfahrung, zu innerem Frieden und zu – auch körperlicher – Lebendigkeit führt, lässt mich erahnen, dass auf dem spirituellen Weg auch die Sehnsucht nach Sexualität erfüllt werden kann.

Die christliche Mystik spricht sogar vom Einswerden mit Gott – von der *unio mystica*. Aber der Weg dahin ist die *via purgativa, via illuminativa* und *via unitiva*. Es sind drei Wege, die mich in die Einheit mit Gott führen. Zuerst braucht es die Askese, die Arbeit an mir selbst, den Umgang mit meinen Leidenschaften, die innere Reinigung von allen Trübungen, die mein wahres Bild immer wieder verdunkeln. Anschließend kommt die Erleuchtung. Alles, was in mir ist, selbst das Dunkle, wird vom Licht Gottes erleuchtet. Dann erst wird das Einswerden möglich. Aber Einswerden ist kein Verschmelzen, keine Auflösung des Ich. Vielmehr gilt hier die Formel des Konzils von Chalzedon (451): Wie Jesus Gott und Mensch ist, wie die göttliche und menschliche Natur in ihm eins sind, und zwar ungetrennt und unvermischt, so sollen wir auch das Einswerden mit Gott in der mystischen Erfahrung verstehen. Ungetrennt heißt, wir sind wirklich völlig eins mit Gott. Aber auch im Einssein sind wir unvermischt. Es ist ein personales Einssein, so wie Mann und Frau eins werden und trotzdem ganz sie selbst bleiben. Dieses Bild des Einswerdens von Mann und Frau wird in der christlichen Mystik auf das Einswerden mit Gott bezogen, und ich denke, das ist für mich hilfreicher als das Aufgelöstwerden. Der einzelne Mensch hat überhaupt keine Bedeutung mehr, wenn er sein Personsein vergisst. C. G. Jung warnt vor dieser Auflösung der Person. Das ist gefährlich für dic Selbstwerdung des Menschen. Er verliert seine Mitte. Und er verliert sein Gefühl von Verantwortung. Der christliche Weg der Mystik führt mich in den Grund der Seele, zu meinem wahren Selbst. Wenn ich im Selbst bin, in der Tiefe, im Grund meiner Seele, spüre ich ein neues Einssein mit den Dingen, mit der Welt, mit allen Menschen. Aber trotzdem bin ich nicht aufgelöst.

Gehorsam

Ich habe noch nie ein Buch geschrieben, das ich dem Abt vorher gezeigt hätte, sondern ich schreibe aus mir heraus. Ich frage da niemanden vorher. Da gibt es kein Problem mit dem Abt. Der Gehorsam dem Abt gegenüber heißt einmal: Ich kann mein Leben nicht selbst gestalten, wie ich will. Ich bin der Gemeinschaft verantwortlich. Meine Termine spreche ich zum Beispiel mit dem Abt ab. Denn in erster Linie muss ich meine Aufgabe hier in der Abtei erfüllen, in der Verwaltung, im Recollectio-Haus, im Gästehaus, als Mitbruder. Ich nehme nicht alle Anfragen an, sondern frage vorher den Abt, natürlich nicht bei jeder einzelnen Anfrage. Ich gebe ihm meinen Terminkalender. Und wir besprechen die Termine. Manchmal sagt er schon, dass es jetzt eigentlich zu viel sei. Das ist für mich ein willkommenes Stück Korrektur. Besonders bei Anfragen vom Fernsehen kann es ein Schutz sein. Es gibt viele Fernsehanfragen, und dann kann ich immer antworten: »Ich muss zuerst den Abt fragen.« Die Fernsehteams fragen oft nach einem Interview und wollen dann zusätzlich etwas im Konvent filmen, vor allem das Chorgebet. Da ist es klar, dass ich den Abt frage. Denn der Konvent will das Chorgebet vor Gott singen und nicht vor der Fernsehkamera. Wenn der Abt »Nein« sagt, ist das ein sehr guter Schutz für mich. Sonst könnte ich mich der Anfragen kaum erwehren. Natürlich ist das Gehorsam, und er bindet mich. Doch der Gehorsam hat mit der Gemeinschaft zu tun. Es ist die Frage an mich, ob ich mich auf die Gemeinschaft einlasse oder nicht. Es geht nicht um einen Willkürgehorsam, weil der Abt jetzt eine Laune hat und einfach sagt: »Ich will, dass du das jetzt machst,

Ewige Profess 1969

und das ist Grund genug!« Wenn ich merkte, dass eine Forderung willkürlich wäre, würde ich mich schon genügend wehren. Aber die Frage ist eher, dass ich mich einbinden lasse, also dass ich verlässlich bin, dass man mit mir rechnen kann – und all die Dinge sind für mich wichtig. Ich möchte keine Sonderrolle spielen, sondern die Regeln, die wir uns gegeben haben, auch was das Geld betrifft, genauso halten wie die anderen. Das bedeutet ebenso Gehorsam.

Der Kontakt zur Familie

Ich habe sechs Geschwister, und fünf von ihnen sind verheiratet. Ich bin gern bei ihnen und habe guten Kontakt zu allen. Aber im Vergleich zu ihnen bin am weitesten herum gekommen. Sie stehen natürlich mitten im Leben, aber ich habe wahrscheinlich mehr Kontakt zu Menschen als sie und habe trotzdem jeden Tag Zeit zum Lesen und Studieren. So ein Leben im Orden ist also durchaus ein Privileg. Als Cellerar muss ich dafür sorgen, dass alles wirtschaftlich läuft. Aber ich brauche mich nicht um das Essen zu kümmern oder um die Kleidung. Das ist durchaus oft von Vorteil, dass einem viele alltägliche Dinge abgenommen werden.

In den ersten Klosterjahren konnte ich es mir kaum vorstellen, Weihnachten nicht in der Familie zu feiern. Wir haben Weihnachten immer sehr schön gefeiert. In den späteren Jahren hätte ich mir Weihnachten wiederum nicht mehr in der Familie vorstellen können.

Solange meine Mutter gelebt hat, waren meine Geschwister und ich bei ihrem Geburtstag stets zusammen – die ganzen Familien mit Kindern. Das war immer eine schöne Feier. Als meine Mutter dann im Jahr 2000 gestorben war, merkten wir, dass der Kristallisationspunkt der Familie fehlte. Wenn einer meiner Geschwister einen runden Geburtstag hat – mein Bruder ist letztes Jahr 70 geworden –, sind aber nach wie vor alle da, oder wenn ich im Kloster ein Jubiläum feiere oder Geburtstag habe, kommen sie auch. Aber das jährliche Zusammentreffen beim Geburtstag der Mutter, das fehlt uns. Wenn wir alle zusammen sind, feiern wir gerne. Und wir spüren, dass im Alter ein neues Bedürfnis wach geworden ist, als Fa-

Nach der Priesterweihe mit den Geschwistern, von links: Peter, Michael, Anselm, Konrad, Elisabeth

milie zusammenzukommen und sich auszutauschen. Als ich mein 40-jähriges Professjubiläum zusammen mit meinem Cousin, Pater Udo, feierte, kamen alle gerne zusammen und haben abends noch lange zusammengesessen und gefeiert. Pater Udo ist der Sohn der Schwester meiner Mutter – die beiden Mütter kamen beide aus der Eifel, und unsere Häuser standen nebeneinander, sodass wir praktisch zusammen aufgewachsen sind, die sechs Kinder meiner Tante und wir sieben. Und diese beiden Familien mit sechs und sieben Kindern halten immer noch zusammen. Alle drei Jahre ist ein Familientreffen mit beiden Familien, und auch mit den Familien aus der Eifel, den Kindern der anderen Schwester meiner Mutter, die in der Eifel einen Bauernhof hatte. Da sind wir dann 60 bis 80 Leute. Es ist also ein Bedürfnis da, sich zu treffen.

Im Urlaub in der Steiermark mit meinem Bruder Konrad und meiner Schwägerin

Im Urlaub gehe ich mit meiner jüngsten Schwester und meinem älteren Bruder und seiner Frau eine Woche wandern. Das letzte Mal war ich eine Woche bei meiner anderen Schwester, bei der zweitjüngsten, mit der ich das Buch »Königin und wilde Frau« (Vier-Türme-Verlag 2004) geschrieben habe. Die ist nicht so die Bergsteigerin wie meine jüngste Schwester. Da sind wir mehr Fahrrad gefahren, sind gemütlich gewandert und haben im Staffelsee gebadet. Und eine Woche war ich bei meinem jüngsten Bruder, der auch im Kloster war. Da gibt es also viel Kontakt.

Arbeitsfelder

Der Cellerar

Der Cellerar ist für den Wirtschaftsbetrieb eines Klosters verantwortlich und hat damit eine sehr wichtige Aufgabe. Unsere Abtei führt 20 Betriebe: Landwirtschaft, Gärtnerei und die verschiedenen Handwerksbetriebe. Dazu kommt die Schule mit 980 Schülern und Schülerinnen. Bei der Schule muss die Abtei jedes Jahr immer eine große Summe draufzahlen, weil der Staat nur 75 bis 80 Prozent zahlt. An Schulgeld verlangen wir nur 35 Euro im Monat. Da bleibt dann für die Abtei noch ein Defizit, das erst einmal erwirtschaftet werden muss. Die Handwerksbetriebe sind vor allem Bäckerei, Metzgerei, Maurer, Elektriker, Spengler, Schmiede, Schlosser, Schreiner, Zimmermann, Goldschmiede, Druckerei, Schuhmacherei, Schneiderei. Dazu kommen noch Verlag und Buchhandlung.

Wir haben 280 Angestellte und sind insofern ein großer Arbeitgeber, und darin steckt auch eine wirtschaftliche Verantwortung, dass wir sichere Arbeitsplätze bieten. Außerdem betreiben wir ein Ökoprojekt und können 96 Prozent der Energie, die wir brauchen, aus regenerativen Quellen erzeugen. Als Ziel haben wir uns 100 Prozent gesetzt. Da wir uns selbst ernähren und solide wirtschaften müssen, sind wir zu klaren Strukturen gezwungen. Wir haben drei Säulen, auf denen das alles ruht.

Da ist einmal die Sparsamkeit. Das beinhaltet nicht nur, das Licht auszumachen, wenn es nicht mehr benötigt wird, sondern auch, alles gut zu organisieren. Wir haben eine schlanke Verwaltung, damit es wenig Reibungsflächen gibt. Wenn ich da an andere Betriebe denke, die extra eine Controlling-Abteilung haben und sich die Abteilungen da gegenseitig auf Trab halten, merke ich, dass wir wirklich schlank strukturiert sind. Ich bin gegen alle Bürokratie, und für alles, was nicht effektiv ist, habe ich keinen Sinn.

Das zweite ist die Produktion. Wir müssen produzieren, um Geld zu verdienen. Wir produzieren in der Landwirtschaft, im Verlag, in der Druckerei und in den Handwerksbetrieben. Zur Produktion gehören ebenso die Bücher, die nach außen gehen, und die Vorträge und Kurse, die wir geben.

Und die dritte Säule sind die Geldgeschäfte. Der gesamte Geldfluss der Abtei Münsterschwarzach geht über die verschiedenen Bankkonten, die ich täglich beobachte und vergleiche. Ich muss sehen, wie viel Geld wir gerade für Überweisungen und für die Löhne brauchen. So muss ich das Geld hin- und herschieben und wenn nötig Wertpapiere verkaufen, um die Löhne auszahlen zu können. Es ist ein tägliches Jonglieren mit dem Geld.

In den vergangenen Jahren haben wir recht gut verdient. Durch die derzeitige Wirtschaftskrise sind wir auch betroffen. Es wäre unredlich, zu sagen, das geht uns nichts an. Denn wer mit Geld arbeitet, der ist davon betroffen, und es war für mich eine spirituelle Herausforderung, da ich die letzten Jahre erfolgreich war und jetzt die Schadenfreude zu spüren bekomme. In der Bild-Zeitung hat gleich gestanden »Der Verlierer des Tages«. Das hat mich schon geärgert. Auch der Evangelische Pressedienst hat irgendwas in die Welt gesetzt, ohne mit mir zu reden. Er hat seinen Artikel mit der Überschrift »Hat sich Pater Anselm verspekuliert?« an alle Zeitungen geschickt. Nach dem ersten Ärger über die unfairen Pressemethoden dachte ich: Das tut meinem Image ganz gut, nicht immer nur als der Erfolgreiche zu gelten. Ich nehme es als spirituelle Herausforderung, zu Misserfolgen zu stehen. Wer etwas tut, macht auch Fehler. Aber ohne die Geldanlagen könnten wir die Schule nicht finanzieren. Und die Finanzierung ist selbst durch die Krise nicht in Frage gestellt. Klar, die Bäume wachsen nicht in den Himmel, und es ist nun eine Herausforderung, wieder das richtige Maß zu finden. Ich habe das Geld schließlich nicht verdient, um reich zu werden, sondern um diesem ganzen Unternehmen mit 280 Angestellten eine gute Zukunft zu geben. Da gibt es immer ein Auf und Ab.

Meine Erfahrung ist: Über Geld kann man noch weniger objektiv reden als über Sexualität. Da kommen sofort moralisierende Vorwürfe, es sei unmoralisch, ja sogar teuflisch, mit Geld umzugehen und noch dazu an die Börse zu gehen. Doch jeder, der mit Geld umgeht, weiß, dass es gar nicht anders geht als über die Börse. Denn selbst alle konservativen Anlagen und alle ethischen Geldanlagen gehen über die Börse. Dazu kommen Neidgefühle oder aber Schadenfreude, wenn etwas nicht so gut läuft.

Ich merke das Tabu des Geldes auch in der Begleitung von Ehepaaren. Es gibt Ehepaare, bei denen über Geld nicht gesprochen wird. Da weiß die Frau nicht, was der Mann mit dem Geld macht, und umgekehrt. Doch wenn ein Ehepaar nicht über Geld kommuniziert, entsteht immer Misstrauen. Eine Frau erzählte mir, nach der Hochzeit habe sie erfahren, dass ihr Mann 100 000 Euro Schulden hatte. Das Verschweigen der finanziellen Verhältnisse ist ein Vertrauensbruch.

Natürlich hat auch die Abtei durch die Finanzkrise Verluste erlitten. Doch das sind erst einmal Buchverluste. Die Geldanlagen haben weniger Wert. Aber ich hoffe, dass sich das in drei Jahren wieder ausgeglichen hat. Doch momentan erzielen wir weniger Einnahmen, weniger Zinsen. Und der geringere Buchwert muss erst wieder aufgefüllt werden. Das ist nicht dramatisch, aber wir merken, dass wir die anderen beiden Säulen stärken müssen: die Säule der Sparsamkeit und der Produktion. Wir können uns nicht auf die dritte Säule verlassen.

Als mich der damalige Abt kurz nach meiner Promotion bat, Cellerar zu werden, war ich ja gar nicht begeistert und hatte Angst davor, dass mich die nur innerklösterlichen Aufgaben zu sehr in Beschlag nehmen würden und ich nicht mehr nach außen würde wirken können. Heute bin ich der dienstälteste Cellerar von allen Klöstern unserer Kongregation und mich fasziniert bei der Aufgabe vor allem, dass es etwas Geheimnisvolles gibt beim Umgang mit den Mitarbeitern, mit den Mitbrüdern und mit dem Geld. Das ist ebenso ein wichtiger Weg, wie man da lebt und welche Qualität ich da schaffe, und insofern ist Cellerar

In der Verwaltung, etwa 1980

sein auch eine spirituelle Aufgabe. An der Verwaltungsarbeit schätze ich auch das Bodenständige. Da kann ich nicht glänzen, sondern muss sehr nüchtern arbeiten, mit den Zahlen vernünftig umgehen und mit den Meistern der Handwerksbetriebe und mit den Mitbrüdern sachliche und organisatorische Gespräche führen. Ich halte jeden Monat Bausitzungen und außerdem noch viele andere Sitzungen zu konkreten Problemen. Die Protokolle schreibe ich als Chef selbst. Da bin ich mir nicht zu gut, um sie für die Handwerker zu tippen. Die Handwerker sollen mich nicht als abgehoben erleben, sondern als einen von ihnen. Das wissen die auch zu schätzen und zudem, dass ich Sachverstand mitbringe. Ich hatte ursprünglich keine Ahnung vom Handwerk gehabt, aber ich habe immer gut zugehört und versucht, nach meinem Gefühl zu urteilen. Es ist für mich wichtig, dass ich mit beiden Beinen auf der Erde stehe und nicht abhebe. Deshalb wäre es gefährlich, wenn ich mich vom Erfolg her definierte. Denn dann bliebe ich auch innerlich stehen.

So freue ich mich, einen guten Weg gefunden zu haben, der mir ermöglicht, die Arbeit in der Verwaltung vormittags zu erledigen und nachmittags Zeit für Gespräche, Kurse und Vorträge zu haben.

Der Buchautor

Schreiben und leben

Vorträge halten und schreiben ist für mich nicht anstrengend. Es ist einfach ein Ausdrücken dessen, was in mir ist. Dieses krampfhafte Ich-muss-alles-besonders-gut-Machen habe ich überwunden – so glaube ich wenigstens. Ich bin mittlerweile sehr gelassen, weil ich mich vor niemanden mehr beweisen muss. Wenn ich einen Vortrag halte, besteht manchmal die Gefahr, dass die Leute mich anhimmeln und meinen, ich sei bereits völlig integriert und stünde über allen Dingen. Doch wenn ich mich von der Bewunderung der Menschen her definierte, würde mir das sicher nicht guttun. Ich sage lediglich, was ich zu sagen habe, aber ich versuche, mich niemals als den darzustellen, der alles im Griff hat, sondern als einer, der genauso auf dem Weg ist wie jeder andere. Manchmal erlebe ich es als schmerzlich, dass ich das, was ich geschrieben habe, selbst nicht verwirklichen kann. Aber ich schreibe nie doppelgleisig in dem Sinne, dass ich eine heile Welt beschreibe und behaupte, so sei mein Leben. Ich versuche stets, mein Leben mit meinem Schreiben und Vortragen zu verbinden. Aber trotzdem erlebe ich manchmal Fehler, Verletzungen oder Empfindlichkeiten, bei denen ich mir denke: Du hast das zwar wunderschön beschrieben, wie man mit solchen Fällen umgehen kann, aber jetzt trifft es dich doch. Das führt mich ein Stück zur Demut, zur Bescheidenheit.

Ich schreibe immer zunächst für mich selbst, um mir einen Weg aufzuzeigen, wie ich mit meinen Verletzungen und Emotionen umgehen kann. Und ich schreibe für konkrete Menschen. Ich habe beim Schreiben stets konkrete Menschen vor Augen, die mir eine Frage gestellt haben und nach Antwort suchen. Manchmal war die Antwort, die ich diesen Menschen im Gespräch oder bei einem Vortrag gegeben habe, für mich selbst und für die andern nicht zufriedenstellend. Das kann dann der Auslöser sein, im Schreiben eine Antwort zu entwickeln, die für mich und für die Fragesteller klarer ist und ihnen hilft, mit ihrem Leben besser zurechtzukommen.

Ich schreibe sechs Stunden in der Woche: Dienstag und Donnerstag morgens zwischen sechs und acht. Auf diese Zeit freue ich mich immer. Und so bin ich innerlich bereits auf das Schreiben eingestellt, wenn ich vom Frühchor in meine Zelle komme. Am Sonntagnachmittag schreibe ich auch oft. Manchmal gibt es am Sonntag mehr Zeit, sodass ich mehr als sechs Stunden habe, aber ansonsten ist das die regelmäßige Zeit. Dieses Jahr hatte ich in der Karwoche etwas mehr Zeit zum Schreiben. Das habe ich sehr genossen. Aber auch in der Karwoche hatte ich nie den ganzen Vormittag Zeit, sondern da einmal zwei Stunden, dann wieder Liturgie, dann noch eine

Stunde und so weiter, aber immerhin konnte ich in dieser Zeit doch ein Buch fertig schreiben.

Vor einigen Tagen waren Exerzitien. Da habe ich vormittags meditiert, nachmittags war Spaziergang und abends konnte ich mir jeweils zwei Stunden zum Schreiben nehmen, und so entstanden ein paar Zeitungsartikel.

Bevor ich anfange zu schreiben, habe ich eine erste Idee. Vieles entsteht aber erst beim Schreiben. So habe ich in der Regel vorher keine genaue Gliederung. Ich lese mich zwar durchaus in ein Thema etwas ein, aber dann versuche ich einfach einmal anzufangen zu schreiben. Danach lese und entwickle ich weiter, und wenn es ein Buch wird, lasse ich es auch einmal liegen und setze mich zu einem späteren Zeitpunkt wieder daran.

Beim Studium in Rom habe ich mir einen Zettelkasten angelegt mit Zitaten und Quellenangaben zu bestimmten Themen. Diesen Kasten habe ich heute noch, aber ich arbeite kaum noch mit ihm. Ich schaue stattdessen lieber in ein Lexikon und lasse mich von der dort angegebenen Literatur oder von anderen Büchern anregen. Gerne lese ich exegetische Bücher, Bibelkommentare, wenn mich da eine Stelle besonders interessiert. Meistens lese ich aber spirituelle Bücher zu den Themen, die ich gerade bearbeite.

Kürzlich habe ich von Josef Ratzinger etwas über Christologie gelesen, das hat mich vor allem interessiert, weil ich etwas über die Karwoche schreiben musste und eine Meditation zu Gründonnerstag und Ostern gehalten habe. Josef Ratzinger lese ich gerne, weil er teilweise sehr bildhaft spricht. Seine Theologie über Liturgie oder auch über Christologie entwickelt manche neuen Sichten. In der Theologie schätze ich ihn sehr, aber sobald er sich auf das Gebiet der Moraltheologie begibt, erlebe ich ihn weniger kompetent. Nach wie vor gerne lese ich in seinem Buch »Einführung in das Christentum« (Kösel 1968). Da hat er eine sehr behutsame Art und Weise, wie er das Glaubensbekenntnis auslegt. Er hat durchaus ein Gespür für die Fragen der Zeit, und er versucht, auf die heutigen Fragen eine Antwort zu geben, indem er die Antworten der Tradition auf unsere Denkweise hin öffnet.

Immer wieder meditiere ich auch die alten Kirchenväter. Die alten Texte schätze ich wegen ihrer bildhaften Sprache. Eine bildhafte Sprache ist stets offen für etwas Neues. Ich habe kürzlich wieder Karl Rahner gelesen, als ich an einem Artikel arbeitete. Es ist immer anregend, wie er denkt, aber ich würde jetzt auch nicht alle Bücher von Rahner noch einmal lesen.

Im Reallexikon von Antike und Christentum nehme ich mir öfter Artikel vor, weil sie gute Einführungen in die betreffenden Themen enthalten. Auch lese ich psychologische Bücher, wenn mich da was betrifft.

Zeit zum Lesen finde ich normalerweise jeden Morgen zwischen zehn nach sieben und kurz vor acht sowie abends vor dem Schlafengehen, wenn ich zu Hause bin. Nur dienstags und donnerstags lese ich nichts. Da schreibe ich selbst.

Ab und zu gehe ich in die Buchhandlung, aber in letzter Zeit sehr wenig, weil ich nicht ständig neue Sachen lesen muss. Wir haben eine große Bibliothek im Kloster mit 200 000 Büchern, die mir genügend Lesestoff bietet.

Auch die Zeitschriften schaue ich mir kurz an, aber ich merke, dass mich viele Artikel nicht mehr interessieren. Sie enthalten nicht viel Neues für mich.

Meine Schreibaufträge habe ich in einer bestimmten Schublade. Die Briefe und die Mails, in denen ich nach Artikeln oder Büchern gefragt werde, bekomme ich meistens ins Büro. Manchmal ärgert es mich, dass ich nicht immer alles vom Büro in die Schublade mitnehme. Irgendwie geht schon einmal etwas unterwegs verloren und dann gibt es auch Mahnungen. Aber normalerweise bin ich stets gewissenhaft und pünktlich.

Gerade ein Buch schreibe ich nicht gerne in der letzten Minute. Ich muss früh genug anfangen und schauen, wie sich das so entwickelt. Und einen Artikel, etwa für *Christ in der Gegenwart*, schreibe ich meistens gleich nachdem ich den Auftrag bekommen habe.

Für mich ist das Schreiben wie eine Meditation. Wenn ich zwei oder drei Stunden lese, schlafe ich immer ein. Ich kann nur eine Dreiviertelstunde konzentriert lesen, aber zwei Stunden schreiben macht mir gar nichts aus; da schlafe ich nicht ein. Das Schreiben hält einfach wacher als das Lesen.

Die Anfänge

Mein erstes Buch war die Doktorarbeit über die Erlösung durch das Kreuz, die ich 1974 abgeschlossen habe. Sie ist 1975 im Vier-Türme-Verlag erschienen. Nachdem wir neue Impulse für unseren geistlichen Weg bei C. G. Jung und in der Zen-Meditation gesucht hatten, veranstalteten wir 1975 eine Tagung zum Thema »Beten im Mönchtum«. Dort versuchten wir, die Erfahrungen der Jungschen Psychologie mit den Erfahrungen der ägyptischen Mönche aus dem 4. Jahrhundert zu verbinden, und luden Ordensleute und Psychologen ein. Pater Fidelis, der, wie bereits erwähnt, seine Doktorarbeit über den Gehorsam

Beim Signieren, nach einem Vortrag in Bad Herrenalb 1999

bei Pachomius gemacht hatte, bat mich, zu bestimmten Themen etwas zu erarbeiten. Als erstes Thema gab er mir: »Reinheit des Herzens«. Ich habe dann darüber bei den alten Mönchen und vor allem bei Johannes Cassian geforscht, der im 4. Jahrhundert die Lehre des östlichen Mönchtums für die westliche Welt übersetzt und überliefert hat. Damals habe ich noch alle Vorträge schriftlich ausgearbeitet, und diesen Vortrag schickte ich an die benediktinische Zeitschrift »Erbe und Auftrag«, die ihn veröffentlichte. Daraufhin hat Kaffke, ein sehr kleiner Verlag, der heute gar nicht mehr existiert, mich gefragt, ob er den Vortrag als Buch veröffentlichen könne. Dafür habe ich den Vortrag ein bisschen erweitert. Das war nach der Doktorarbeit mein erstes Buch.

Bei der nächsten Tagung sollte ich etwas zum Thema »Demut und Gotteserfahrung« sagen. Auch dieser Vortrag wurde als Kleinschrift vom Kaffke Verlag gedruckt. Daraufhin haben wir uns im Kloster überlegt, dass wir die Kleinschriften eigentlich selbst veröffentlichen könnten, schließlich hatten wir damals bereits einen eigenen Verlag.

Das dritte Thema, das ich für unsere Tagung bearbeiten sollte, war »Gebet und Selbsterkenntnis«. Das haben wir in unserem eigenen Verlag veröffentlicht. Es war die erste Kleinschrift. Einige Mitbrüder meinten damals, bevor man eine Kleinschrift veröffentliche, müsse man erst ein Konzept für die Gesamtreihe entwerfen. Aber ich entgegnete, dass ich nicht mehr auf die Mitbrüder warten werde, bis die ein Konzept haben, sondern einfach anfange zu schreiben. So wurde die erste Kleinschrift ohne Nummer veröffentlicht. Aber dann ist es sehr schnell weitergegangen. Das Anliegen war damals, die Erfahrungen des frühen Mönchtums mit der Jungschen Psychologie zu verbinden und daraus eine Spiritualität für heute zu entwickeln. Deswegen habe ich damals noch sehr viele Zitate und Belege aus der Tradition angeführt, um zu zeigen, dass es nicht nur unsere Ideen, sondern dass es die Gedanken der ersten Mönche sind. Aber wir haben ihre Erfahrungen bereits immer durch die Brille der Jungschen Psychologie betrachtet. Schließlich haben wir gemerkt, dass diese Verbindung von alten Erfahrungen mit moderner Psychologie viele Menschen anspricht. Die Leute verstehen das. Die ersten Kleinschriften wurden eher von Ordensleuten gelesen. Die erste Auflage »Gebet und Selbsterkenntnis« betrug nur 2000 Exemplare. Das war noch keine große Auflage, aber es hat sich dann einfach so entwickelt, und heute ist die Reihe »Münsterschwarzacher Kleinschriften« die größte Kleinschriftenreihe im deutschsprachigen Raum. Diese Kleinschriften waren die Grundlage meines Schreibens. Dann kamen Anfragen von Herder und von Kreuz. Für diese Verlage schrieb ich dann keine Kleinschriften mehr, sondern gebundene Bücher und Taschenbücher. Insgesamt habe ich so etwa 250 Titel geschrieben. Sie sind inzwischen in insgesamt 32 Sprachen übersetzt worden. Die Gesamtauflage liegt bei etwa 16 Millionen Exemplaren.

Leitmotiv: Der innere Raum

Einer meiner Lieblingsgedanken ist der vom inneren Raum der Stille. Diese Idee habe ich in der Mystik und in der transpersonalen Psychologie gefunden. Jede Art von Mystik kennt diesen inneren Raum. Evagrius Ponticus spricht bereits im 4. Jahrhundert von dem Ort Gottes in uns. Er nennt ihn auch Jerusalem, das heißt: Schau des Friedens. Dort, am Ort Gottes in uns, wohnt Gott in uns und wir kommen in Berührung mit unserem wahren Selbst. Evagrius spricht davon, dass wir unser wahres Selbst wie einen blauen Saphir erblicken. Andere Mystiker nennen diesen Raum anders: Katharina von Siena spricht von der inneren Zelle, Meister Eckhart spricht vom Seelenfünklein, Johannes Tauler vom Seelengrund, Teresa von Avila vom innersten Gemach der Seelenburg. Ich hatte diese Gedanken bei den Mystikern gefunden, ohne noch selbst die Erfahrung gemacht zu haben. Die Gedanken faszinierten mich einfach. Und ich versuchte aufgrund dieser Ideen, mir das vorzustellen. Schließlich durfte ich immer wieder einmal die Erfahrung machen, dass ich innerlich ganz still geworden bin, dass ich in die-

trans (nach) jenseits

sem inneren Raum der Stille völlig eins war mit mir und mit Gott.

Die Erfahrungen der Mystik habe ich dann in der Transpersonalen Psychologie wiedergefunden. Die Transpersonale Psychologie spricht von der Disidentifikation. Sie geht davon aus, dass ein unbeobachteter Zeuge in uns ist, der unsere Gefühle beobachten kann. Wenn Ärger aufsteigt, gibt es auch den Punkt in uns, der den Ärger beobachtet, der nicht vom Ärger infiziert ist. Dieser Punkt entspricht dem spirituellen Selbst. Und er entspricht dem Raum der Stille, von dem die Mystik spricht, dem Raum, in dem Gott in uns wohnt. Diese Verbindung vom Modell der Transpersonalen Psychologie und der Mystik war für mich wichtig. Da ist mir aufgegangen, dass die Mystik nicht eine völlig fremde Erfahrung ist, sondern eine, die unserem Wesen entspricht. Und es ist eine heilsame Erfahrung.

Mystik hat eine therapeutische Wirkung auf uns. Die Beschäftigung mit diesen Gedanken hat mich auch zur Erfahrung dieses inneren Raumes geführt. Ich durfte diese innere Stille immer wieder einmal erfahren in der Meditation. Für einen Augenblick war es dann völlig still in mir. Ich war eins mit mir, kam in dieser Stille innerlich zur Ruhe. Viele Menschen fragen mich, wie sie es selbst erfahren können. Ich antworte ihnen, dass allein die Vorstellung, dass dieser Raum in mir ist, bereits hilft. Und diese Vorstellung durchzieht die ganze spirituelle Tradition, auch schon die Bibel. Jesus spricht von der Tempelaustreibung und sagt, er meine den Tempel seines Leibes (vgl. Johannes 2,21). Also wir sind Tempel und nicht Markthalle, in der lärmende Händler und Geldwechsler sind. Oft erleben wir uns allerdings als Markthalle. Da sind in uns die lärmenden Gedanken der Händler. Die

Beim Lesen

Geldwechsler stehen für die Überlegungen, wie ich auf dem öffentlichen Markt gehandelt werde, wie mein Kurswert ist. In der Markthalle sind Rinder, Schafe und Tauben, das Triebhafte, das Oberflächliche, und die Gedanken, die wie Tauben herumschwirren. Christus will einziehen in seinen Tempel. Wenn wir uns als Tempel erfahren, wird es in uns weit. Wir atmen auf. Wir fühlen uns frei. Dort, wo Christus in uns einzieht, ist das Reich Gottes. Bei Lukas heißt es: Das Reich Gottes ist »in uns«, *entos hemin* (Lukas 17,21). Die Exegeten übersetzen in den letzten 50 Jahren meistens »unter euch«, aber eigentlich heißt *entos* wörtlich »in euch«, und Martin Luther hat das auch so schön übersetzt: Das Reich Gottes ist »inwendig in euch«. Er hat noch um die mystische Erfahrung gewusst, die Jesus in diesem Wort anspricht, und hat das ernst genommen. Das ist nicht nur ein frommer Satz, sondern ich kann ihn erfahren, und allein, indem ich dieses Wort nehme und versuche, es zu erfahren, relativiert sich etwas. Also, ich kann nicht genau sagen, da ist der Ort oder da ist der Ort. Ich kann ihn nicht lokalisieren. Aber ich weiß: Wenn ich in mich hineinhorche, stoße ich nicht nur auf meine Emotionen, auf meine Lebensgeschichte, auf meine Verletzungen, sondern unterhalb meiner Emotionen ist in mir ein Raum, in dem alles still ist. Ich kann nicht ständig da drin bleiben, aber ich kann mich immer einmal zurückziehen und ihn erfahren, vielleicht nur für ein paar Sekunden. Aber in diesem Augenblick, in dem ich frei bin, da relativiert sich alles andere. Ich kann selbst zusehen, dass meine Ängste, meine Sorgen nicht den ganzen Menschen bestimmen, sondern nur meine Emotionen und meine Gedanken. Aber es gibt einen Raum, in den ich mich zurückziehen kann. Dort haben die Ängste und Sorgen keinen Zutritt, und es gibt so eine Art von Befreiung. Das heißt nicht, dass alles gelöst ist, weil ich ja auch wieder in die Welt hinaus und mich mit dem Problem beschäftigen muss, aber die Erfahrung des inneren Raumes relativiert einfach meine Probleme. Das ist für mich ein wichtiges Bild für die Arbeit, dass manches, was von außen auf mich einströmt, da nicht hineinkommt. Es hilft mir auch in der Begleitungssituation, wenn ich mit Menschen spreche. Ich kann mich emotional öffnen, zugleich aber weiß ich: Es gibt einen Bereich, in dem die anderen keinen Zutritt haben. Viele fragen mich, wie ich es aushalten könne, so viele Probleme anzuhören. Das würde mich doch belasten. Aber ich versuche, mich emotional zu öffnen. Ich habe keine Angst, dass die Probleme der anderen mich völlig in Beschlag nehmen. Ich höre aufmerksam zu und lasse mich auf die anderen ein. Aber ich weiß auch, es gibt einen geschützten Bereich, zu dem die Probleme der anderen keinen Zutritt haben. Dieses Wissen ermöglicht mir die Offenheit für die andern, ohne mich zu überfordern. Insofern ist das für mich eine sehr wichtige Erfahrung. Wenn ich davon rede, berührt es die Menschen. Auf der einen Seite begegnet mir natürlich Skepsis: Ja, stimmt das überhaupt, oder wie kann man diesen Ort erfahren? Es gibt keinen Trick, ihn immer zu erfahren, aber allein schon die Vorstellung, das Bild, das man sich einbildet, führt mich zu einer Erfahrung.

Die Psychologie spricht vom spirituellen Selbst oder von dem unbeobachteten Beobachter, der einfach die Emotionen beobachten kann. Ich kann meine Emotionen beobachten. Der Punkt, der beobachten kann, der ist frei von dem, was ich beobachte. Insofern ist das auch eine anthropologische Aussage.

Ich bin dankbar für den Erfolg und für die Resonanz meiner Bücher, weil ich spüre, dass sich die Menschen nach einer Spiritualität sehnen, die nicht bewertet und moralisiert, sondern in eine christliche Erfahrung führt. Aber der Erfolg ist für mich keine Versuchung, stehen zu bleiben, sondern eine Verpflichtung weiterzusuchen. Bücher zu schreiben bedeutet für mich, mich immer wieder auf die Suche zu machen und mich zu fragen: »Was heißt das wirklich und wie kann ich es so sagen, dass es für mich stimmt und dass die Menschen es verstehen?« Natürlich komme ich öfter auf gleiche Themen zu sprechen. Es geht mir darum, traditionelle Themen wie die Liturgie, die Feste des Kirchenjahres, die Heiligenverehrung und asketische Fragen in eine neue Sprache zu kleiden, damit die Menschen spüren: Das geht mich an. Es ist einfach meine Überzeugung, dass unsere ganze christliche Tradition, katholisch wie evangelisch, etwas Heilsames ist, etwas Therapeutisches und etwas, das den Menschen gut tut. Und es ist mein Ehrgeiz, immer wieder zu zeigen, dass Spiritualität guttut. Manche werfen mir vor, ich würde das Christentum leicht machen oder weich spülen. Aber ich versuche, auch Themen wie Kreuz, Leid und Verzweiflung aufzugreifen und eben nichts von heiler Welt vorzugaukeln. Doch auch über das Kreuz kann man verschieden reden: Ich kann darüber als etwas Bedrohliches reden: »Du wirst schon sehen, Gott ist auch der Strenge, der wird dich mit dem Kreuz beladen!« Ich kann also Angst machen und ein schlechtes Gewissen. Ebenso kann ich einfach die Realität beschreiben: Manches durchkreuzt uns eben in diesem Leben, und wir wollen das nicht. Es gibt zum Beispiel Krankheiten, die man als

Kreuz auf sich nehmen muss. Aber auch das Kreuz ist ein Weg zum Leben und keine Belastung, die bedroht und die wir mit Angst anschauen müssen. Das ist für mich wichtig, dass ich nicht eine heile Welt vorgaukle, sondern das Leben so beschreibe, dass ich in jeder Situation zumindest Hoffnung oder einen Weg finde und nicht verzweifeln muss. Das ist für mich eine wichtige Botschaft.

Das erfolgreichste Buch

Der Erfolg meines Buches »50 Engel für das Jahr« (Herder 1997), das allein in Deutschland über eine Million Mal verkauft wurde, hat mich selbst gewundert. Es ist eigentlich kein Engel-, sondern ein Tugendbuch, in dem ich 50 Haltungen beschreibe, die dem Menschen Halt geben. Und jede Haltung verbinde ich mit dem Bild eines Engels. Die Frage ist, was soll da das Bild des Engels dabei? Es ist einfach das Bild dafür, dass die Tugend nicht nur asketisch und moralisch gesehen werden muss, nicht nur als etwas, das ich mit viel Kraft selbst in mir hervorrufen muss. Der Engel verkörpert vielmehr den Aspekt von Gnade. Ein Engel führt mich ein in die Kunst der Heiterkeit, in die Kunst der Versöhnung oder in die Haltung der Liebe, in die Haltung der Milde und der Barmherzigkeit. Es sind also Sehnsüchte, die hier angesprochen werden. Das ist ein Sprechen von Engeln, das das Religiöse aufgreift, aber noch nicht so typisch christlich ist, dass man das ganze Christentum annehmen muss. Und eine andere Sehnsucht wird in diesem Buch angesprochen: die Sehnsucht nach Orientierung und nach einer Haltung, die dem Leben Halt geben kann. Bei vielen ist der Engel gar nicht so sehr das Entscheidende. Sie schlagen den »Engel der Barmherzigkeit« auf oder den »Engel des Risikos«, und auf einmal bewirkt der etwas in ihnen. Man kann sagen, das ist ein spielerischer Umgang mit Engeln und ein spielerischer Umgang mit dem Leben. Ich lasse im Kurs manchmal Engelkarten ziehen, auf die ich die verschiedenen Haltungen geschrieben habe. Es ist schon erstaunlich, dass die Leute gleichsam von außen eine Zusage bekommen. Sie haben den Eindruck, sie hätten genau den Engel gezogen, den sie gerade brauchen. Und sie gehen mit dem »Engel der Versöhnung«, mit dem »Engel der Milde«, mit dem »Engel der Geduld« in den Tag. Und ihr Tag wird anders. Sie gehen nicht mit dem moralischen Appell in den Tag, dass sie heute geduldig sein müssen. Vielmehr haben sie den Eindruck, dass der Engel der Geduld ihnen heute hilft, geduldiger auf die Umwelt und auf sich selbst zu reagieren.

Meine Themen

Ich kenne einige Theologieprofessoren, die meine Bücher schätzen, aber es gibt auch Neid, weil deren eigene Bücher nicht so viel gekauft werden wie meine. Deshalb neigen sie dazu zu sagen, es sei nicht wissenschaftlich, was ich da schreibe. Aber die Kritik ist eher selten.

Ich schreibe verschiedene Arten von Büchern, darunter Lebenshilfebücher und kleine Bücher, die mehr assoziativ verschiedene Themen ansprechen. Aber die sind nicht der Höhepunkt meines Schreibens. Außerdem gibt es zum Beispiel die Auslegung der vier Evangelien (Jesus – Wege zum Leben. Die Evangelien des Matthäus, Markus, Lukas und Johannes, Kreuz 2005) oder das Buch »Erlösung. Ihre Bedeutung in unserem Leben« (Kreuz

Bei einer Wanderung 1983

2004). Zu den Evangelien habe ich viel exegetische Literatur gelesen, zum Matthäusevangelium zum Beispiel die drei Bände von Ulrich Luz, das sind ungefähr 1500 Seiten, und die Kommentare von Walter Grundmann, Joachim Gnilka und Eduard Schweizer. Bei diesem Buch bin ich also auch auf die wissenschaftliche Theologie eingegangen. Als ich das Paulusbuch geschrieben habe (Paulus. Umstritten und missverstanden, Kreuz 2007), habe ich die exegetische Literatur über Paulus gelesen. Diese Bücher sind sehr solide, oft aber auch strohtrocken.

Nach keinem Buch bin ich völlig zufrieden, aber auf die vier Evangelien bin ich schon stolz. Darin lese ich manchmal selbst noch einmal nach, wenn ich einen biblischen Text bearbeite, und denke, dass ich da vielen einen Weg gezeigt habe. »Finde deine Lebensspur« (Herder 2004) war ein wichtiges Buch für mich, genauso wie »Verwandle deine Angst« (Herder 2008) oder »Wege durch die Depression« (Herder 2008). Spirituelle Therapie, bei der ich die Psychologie ernst nehme, aber nicht nur auf der psychologischen Ebene bleibe, sondern bewusst von der Bibel her schreibe, ist mir sehr wichtig. Kürzlich habe ich von einem Holländer einen Brief bekommen, der mein Buch über die Depression gelesen hat. Darin habe ich auch dieses Thema von der Bibel her bearbeitet. Er schrieb, dass ihm das Buch sehr geholfen und er innere Befreiung erfahren habe. So ein Brief macht mir Freude.

Über dasselbe Buch hat sich aber auch ein katholischer Theologe, der Spezialist für Johannes vom Kreuz ist, aufgeregt. Es sei nicht genau genug. Ich habe da ein Kapitel über »die dunkle Nacht der Seele« von Johannes vom Kreuz geschrieben und dargelegt, dass die »dunkle Nacht« eine Reinigung der Seele sei. Ebenso könne auch die Depression eine Herausforderung sein, die Psyche oder das Selbstbild zu reinigen. Wegen dieser Analogie hat er sich aufgeregt und mir vorgeworfen, ich hätte Johannes vom Kreuz nicht verstanden.

Natürlich bin ich einerseits skeptisch, wenn jemand eine Depression hat und sie nicht betrauert, weil er sagt: »Ich bin in einer dunklen Nacht«, und sie damit religiös überhöht. Mit dieser Einstellung stellt er sich seiner Depression nicht. Aber auf der anderen Seite gibt es sicher auch Phasen auf dem spirituellen Weg, in denen man in Zustände von Melancholie oder Bedrückung kommt. In dieser Situation ist es entscheidend, dass diese Zustände nicht krank machen, sondern auf den Weg zu Gott führen, also eine Reinigung des Gottesbildes sind. Da besteht ein großer Unterschied, aber die Phänomene sind manchmal ähnlich.

Es ist oft schwierig zu unterscheiden, ob jemand eine Depression hat oder in einer »dunklen Nacht« ist, aber mein Ansatz ist in beiden Fällen der gleiche, nämlich sich zu fragen: Was ist der Sinn? Die »dunkle Nacht« meint, dass mein Gottesbild gereinigt wird, dass ich von meinen Projektionen frei werde, und der Sinn der Depression ist auch, dass ich von meinen Selbstbildern gereinigt werde. Manchmal ist Depression ein Hilfeschrei der Seele gegen zu große Ansprüche an uns selbst, weil wir meinen, immer alles positiv sehen zu müssen, immer gut drauf und perfekt sein zu müssen. Wenn wir in einer Depression zu so einer Erkenntnis gelangen, hat sie durchaus einen hilfreichen Aspekt.

Erik Erikson hat beobachtet, dass der Auslöser einer Depression nicht immer ein persönliches Thema sein muss, sondern ein Thema der Zeit sein kann. So habe Martin Luther die verdrängten Schattenseiten seiner Zeit wahrgenommen und darunter gelitten. Depressive Menschen sind oft sehr sensible Menschen, die etwas aufnehmen, das in ihrer Zeit nicht stimmt, und das persönlich durchleiden.

Dieses Gefühl, dass ich in meiner Depression auch für andere etwas ausleide und damit zur Reinigung der Atmosphäre beitrage, kann eine Hilfe sein, mit meiner Depression umzugehen. Viele depressive Menschen verurteilen sich selbst. Sie meinen, es sei ihre Schuld, wenn sie depressiv sind. Es ist aber entscheidend, dass ich einen Sinn in meiner Depression entdecke, denn erst dann kann ich anders damit umgehen. Jeder muss seine eigene Deutung finden: Ich kann sie so deuten, dass ich in eine tiefere Realität hineinkomme. Mit dieser Deutung verwandelt sich die Depression bereits. Oder ich deute die Depression als Einladung, mich von meinem überhöhten Selbstbild zu verabschieden.

Ich habe einen Priester begleitet, der bekam eine Erschöpfungsdepression, weil er wahnsinnig viel gearbeitet hatte. Er dachte, nach rund einem halben Jahr könne er genauso weitermachen wie früher. Aber nach zwei Stunden war er wieder total erschöpft. Ich sagte ihm: »Die Depression will Ihnen sagen, dass Sie Ihr altes Lebensmuster nicht mehr so durchhalten können. Sie müssen Ihre Grenze sehen. Sie können zwar weiter arbeiten, aber nach zwei Stunden gönnen Sie sich eine halbe Stunde Pause. Dann arbeiten Sie weiter in Ihrem Rhythmus. Bisher haben Sie den eigenen Rhythmus nicht wahrgenommen.« Eine Depression kann also zum Beispiel vor einem Herzinfarkt schützen, und das ist für mich überhaupt wichtig im Umgang mit Emotionen wie Angst, Depression, Empfindlichkeit, Jähzorn, Eifersucht, Neid und so weiter. Wir sollten nicht versuchen, sie lediglich wegzutherapieren, sondern uns intensiv mit ihnen auseinandersetzen, weil sie uns immer herausfordern, das richtige Maß für das eigene Leben zu finden.

Schreiben aus dem Mitfühlen

Ich habe nie die typische Welt draußen kennengelernt, denn ich habe außer in der Familie stets im Internat und in Klöstern gelebt. Ich war nur auf Reisen woanders, aber nie länger allein. Ich habe auch nicht das Bedürfnis, das Leben der anderen Menschen auszuprobieren. Ich bekomme die Welt in vielen Gesprächen mit und versuche, mich da einzufühlen. Und die Tatsache, dass die Leute meine Bücher lesen, zeigt, dass sie sich verstanden fühlen. Ich bekomme viele Briefe mit Anfragen zu Kursen oder Gesprächen. Da begegne ich der Welt und versuche einfach, die Welt wahrzunehmen, wie sie ist. Natürlich habe ich nie das Leben eines anderen erlebt, der in einer großen Firma arbeitet und dabei ständig unter Druck steht. Das kann ich nur in der Begegnung wahrnehmen und versuchen, mich da hineinzufühlen. Aber ich glaube nicht, dass man alles erlebt haben muss, um es verstehen zu können. Auf der anderen Seite hätte ich sicher nicht alle diese Bücher geschrieben, wenn ich nicht selbst Krisen erlebt und Selbstzweifel und Traurigkeit erfahren hätte. Besonders zwischen dem 27. und 35. Lebensjahr hatte ich ja eine Zeit, in der ich sehr mit mir gerungen habe. Ich kann zwar nicht sagen, ich hätte Depressionen erlitten oder die totale Verzweiflung erlebt, aber ich habe durchaus in die Abgründe meiner Seele geschaut, und das hat sicher mein Leben auch ein Stück aufgebrochen und fruchtbar gemacht, sodass mein Schreiben eben nicht so distanziert ist, sondern einfühlsam. Ich schreibe stets auch für mich selbst und gebe mir eine Zusage und Ermutigung für meine eigenen inneren Gefährdungen. So kommt in meinen Büchern beides zum Ausdruck: die Erfahrung der eigenen Krise und die Sensibilität für die Probleme der Menschen.

Projekte, die mir am Herzen liegen

Da ist einmal das Buch mit Jörg Zink über die Ökumene (»Die Wahrheit macht uns zu Freunden«, Kreuz 2009). Weil es mir wichtig ist, dass wir ohne Ängstlichkeit und ohne Besserwisserei über den Glauben reden. Ich hoffe, dass da etwas in Bewegung kommt. Es kann sein, dass wir beide von beiden Seiten angegriffen werden für das, was wir geschrieben haben. Aber wir treten nicht als die Besserwisser auf, sondern als die, die aus ihrer eigenen persönlichen Erfahrung sprechen.

Das andere Anliegen, das mich schon lange bewegt, ist – aber da habe ich noch keine Sprache dafür – dieses betont Christliche. Wie können wir als Christen eine authentische Antwort auf die verschiedenen Religionen geben und wie können wir in dieser globalisierten Welt mit einem guten Selbstvertrauen über unseren Glauben sprechen? Das habe ich bereits in dem Buch »Der Glaube der Christen« (Vier-Türme-Verlag 2006) versucht. Aber gerade das Thema Personalität Gottes und Interpersonalität in der Begegnung mit Menschen, das Thema unserer christlichen Kultur der Interpersonalität, das würde mich reizen. Und ich würde gerne neu nachdenken über die Beziehung zwischen Selbstbild und Gottesbild. Das wäre nicht nur für die Beziehung zwischen Psychotherapie und Spiritualität, sondern auch für das Gespräch zwischen den Religionen höchst interessant.

Der Referent

Vorträge im deutschsprachigen Raum

Vorträge halte ich normalerweise zu Themen, die ich bereits in meinen Büchern behandelt habe. Wenn ich das erste Mal einen Vortrag zu einem Buch halte, ist es etwas aufwändiger, weil ich mir überlegen muss, wo ich Schwerpunkte setze und wie ungefähr der rote Faden ist. Normalerweise nehme ich bei Vorträgen kein Manuskript mehr mit. Aber es gibt auch Vorträge für Ärzte oder therapeutische Kongresse, bei denen ein sehr spezielles Thema verlangt wird. Das muss ich dann neu ausarbeiten und benötige beim Vortrag auch ein Manuskript. Weil ich aber sehr ungern ablese, versuche ich, zumindest ein bisschen frei zu reden.

In den letzten zwanzig Jahren gab es lediglich einen einzigen Vortrag, den ich wirklich vergessen habe. Ich war am Morgen erst aus Polen gekommen und hätte am selben Abend reden sollen. Außerdem war noch meine Schwester zu Besuch. Normalerweise schaue ich in meinen Kalender immer eine Woche im Voraus nach den anstehenden Terminen, aber irgendwie hatte ich diesen Vortrag übersehen.

Das Schärfste erlebte ich einmal in Friedrichshafen. Da war ich den ganzen Tag mit der »Gipfelwanderung« beim Bayerischen Fernsehen gewesen, und anschließend fuhr ich zum Bodensee. Ich dachte, die Veranstaltung beginne dort um 20 Uhr, dabei war der Termin schon um halb acht. Ich bin also ohne schlechtes Gewissen eine halbe Stunde später angekommen, und als der Veranstalter in das Thema einführte, merkte ich, dass er auch noch von etwas völlig anderem sprach, als ich vorbereitet hatte. Da musste ich meinen Vortrag dann schnell umstellen. Ganz zufrieden war ich mit dem Abend natürlich nicht.

Einmal musste ich auch umkehren, weil ich zu lange im Stau gestanden hatte. Da dachte ich mir: Das tue ich mir jetzt nicht an, denn mit der Rückfahrt in der Nacht wäre ich zehn Stunden im Regen unterwegs gewesen. Die Veranstalter waren schon ein bisschen sauer, weil da 600 Leute in der Kirche saßen und auf mich warteten. Aber ansonsten komme ich eigentlich immer noch rechtzeitig.

Um meine Termine kümmert sich halbtags eine Sekretärin. Alle Anfragen legt sie in einem Ordner ab, und im Januar schaue ich den Ordner durch, um zu sehen, was ich annehmen kann oder will und was nicht. Vereinbaren tue ich die Termine jedoch selbst am Telefon. Die Sekretärin verschickt die schriftlichen Zusagen und fragt vorher stets noch einmal nach, ob ein Parkplatz zur Verfügung steht, denn es ärgert mich immer sehr, wenn ich irgendwo hinfahre und vor Ort herumkurven muss und nirgends parken kann. Es ist auch eine Form von Anstand des Veranstalters, dass er eine Parkmöglichkeit reserviert. Darum fragt die Sekretärin immer danach und natürlich nach der genauen Adresse. Ich habe zwar ein Navigationssystem, und das ist recht gut, aber neulich war ich in Berlin, und da hat das Navigationssystem total gesponnen. Gott sei Dank hatte ich noch einen Stadtplan dabei, sonst wäre ich überhaupt nicht ans Ziel gekommen. Nach dem Vortrag bin ich dann wieder heimgefahren. So war ich morgens um halb drei wieder zu Hause. Angst, unterwegs einzuschlafen, habe ich nicht. Entweder meditiere ich oder ich höre mir unterwegs schöne Musik an.

Normalerweise habe ich die Regel, nur im Umkreis von 350 Kilometern Vorträge zu halten, damit ich spätestens nachts um halb zwei zu Hause bin und bis halb sechs schlafen kann, also vier Stunden mindestens – weniger will ich nicht. Aber vier Stunden Schlaf reichen mir auf Dauer nicht, das halte ich nicht aus. In der Woche kann das einmal sein, aber nicht öfter. Und dann schaue ich, dass ich wenigstens am Nachmittag eine halbe Stunde Mittagsschlaf habe, oder wenn ich sehr müde bin, vor der Vesper noch einmal zwanzig Minuten.

Normalerweise gehe ich um zehn ins Bett und kann bis um zwanzig vor fünf schlafen, das sind sechseinhalb Stunden, und dann eine halbe Stunde Mittagsschlaf, also sechseinhalb bis sieben Stunden. Aber wenn ich Vorträge halte und sehr spät heimkomme, stehe ich erst um viertel vor sechs auf, sodass ich die Eucharistiefeier in der Kirche mitfeiern kann.

Ich bin immer wieder von der Resonanz bei meinen Vorträgen berührt. Spontan kann ich mich an zwei erinnern, bei denen die Aussprache trotz mehrerer Hundert Zuhörer sehr persönlich war. Der eine ging über Rituale, und ich hielt ihn in der Nähe von Göppingen; der andere hatte das Thema »Verwandle deine Angst« und fand in Bad Aibling statt. Dort haben nach dem Vortrag viele Zuhörer vor rund 500 Menschen offen über ihre Angst geredet. In diesen Momenten habe ich das Gefühl, dass es stimmt; die Leute gewinnen Vertrauen, sprechen über ihre eigenen Erfahrungen und fühlen sich danach bestätigt. Ich versuche natürlich immer, auf die Leute einzugehen.

Jeden Vortrag beschließe ich normalerweise mit einem gemeinsamen Abendritual, einer Gebärde: Wir kreuzen die Hände über der Brust und schließen gleichsam die Tür zum inneren Raum der Stille. Auf einmal sind dann alle im Saal für zwei Minuten absolut still. An der Qualität der Stille merke ich, ob sich die Menschen ganz bewusst auf die Stille einlassen. Dabei ist es erstaunlich, dass in typisch kirchlichen Kreisen, also in manchen Pfarreien, während der Stille am meisten gehustet wird, während in rein weltlichen Kreisen oft absolute Stille herrscht. In solchen Momenten erlebe ich das Bedürfnis und die tiefe Sehnsucht der Menschen nach Stille. Sie tut ihnen gut. Manche typisch kirchlichen Christen kennen zwar die Stille, aber sie können damit nichts anfangen. Sie werden eher verunsichert und fangen zu husten an. Das ist dann kein Erkältungshusten, sondern ein Zeichen von innerer Rebellion.

Es gibt aber auch immer wieder Zuhörer, die ganz offen aggressiv gegen mich sind. Vor einiger Zeit hat mich bei einem Engelvortrag plötzlich jemand angeschrien. Das Thema des Vortrags war »Jeder Mensch hat einen Engel«, und ich sprach über die biblischen Engelgeschichten, die ich für uns heute auslegte. Ein Schwerpunkt lag auf Stellen im Neuen Testament, in denen über Engel gesprochen wird. In den Evangelien ist das Leben Jesu von Engeln begleitet: seine Geburt, der Beginn seines Leidens am Ölberg, sein Tod und seine Auferstehung. Auf einmal sagte jemand sehr aggressiv: »Sie haben überhaupt nichts über Jesus Christus gesagt. Nur durch sein Blut sind wir erlöst.« Da war ich erst mal etwas entsetzt. Ich habe ihm schließlich ganz ruhig geantwortet: »Ich könnte jetzt gerne über Jesus Christus einen Vortrag halten, doch das Thema des Vortrags lautete anders.« Manche Menschen sind in ihren christlichen Vorstellungen so auf den Tod Jesu fixiert, dass sie die ganze übrige Bibel am liebsten leugnen würden. Aber die Bibel erzählt sehr oft von Engeln. Und wir sollten nicht biblischer sein als die Bibel. Enge im Denken erschreckt mich immer. Ich frage mich oft, was dahinter steckt. Wer nur mit Angst an den Glauben herangeht, erlebt nicht den befreienden Glauben, zu dem Jesus uns ermutigt hat. Natürlich sind die Engel nicht das zentrale Thema des Christentums. Im Zentrum steht Jesus Christus, aber eben nicht nur sein Tod, sondern noch mehr seine Auferstehung. Nicht nur Jesus als Erlöser, sondern auch als Heiler und als Lehrer der Weisheit. Und als Lehrer der Weisheit spricht er von den Engeln. Ich will keinen davon überzeugen, dass er jetzt an Engel glauben müsse. Ich will einfach nur die biblische Botschaft in einer Sprache verkünden, dass wir sie annehmen können. Und für viele sind die biblischen Engelgeschichten heilsame Geschichten, die sie in Berührung bringen mit der Erfahrung des Engels, der sie mitten in der Wüste ihres Daseins an den Brunnen des Lebens führt.

Ich bin dankbar dafür, dass viele Menschen, die wenig christlich sind, kommen und mir zuhören, wenn ich zum Beispiel im Osten Deutschlands meine Vorträge halte. Ein Kommunist kam einmal mit Tränen in den Augen auf mich zu und sagte, meine Worte hätten ihn sehr berührt. So spüren auch Menschen, die nicht in der Kirche sind, dass hinter dieser Botschaft eine menschenfreundliche

Erfahrung steht. Viele kommen auch aus der esoterischen Szene und haben dort ihren spirituellen Weg gesucht. Wenn sie nun wieder im Christentum eine Botschaft finden, die sie anspricht und ihre Sehnsucht aufgreift, bin ich dankbar. Das sehe ich als meine wichtigste Aufgabe, spirituell Suchenden den Reichtum der christlichen Botschaft und Tradition zu vermitteln. Aber manchmal bin ich traurig, dass so viele von ihnen in anderen Religionen suchen, vor allem im Buddhismus. Deshalb sehe ich meine Aufgabe darin, die christliche Botschaft in einer Sprache zu verkünden, die offen ist für die anderen Religionen, offen ist auch für die Esoterik, aber nicht alles vermischt. Manche werfen mir vor, ich sei esoterisch oder ich sei von östlichen Religionen beeinflusst. Doch ich will nur die christliche Sprache sprechen, die so offen ist, dass selbst Esoteriker und Menschen, die im Buddhismus oder Hinduismus einen spirituellen Weg suchen, darin etwas spüren. Natürlich, man kann meine Worte auch missbrauchen und sie im esoterischen Sinn auslegen, das kann ich nicht immer verhindern. Mein Anliegen ist es aber, die christliche Botschaft möglichst vielen Menschen in einer offenen Sprache nahezubringen.

Erfahrungen im Ausland

Als ich früher in Polen, Tschechien, in der Slowakei sprach, war es erstaunlich, dass nach meinen Vorträgen sehr oft das Thema des Bösen, der Sünde und des Teufels auftauchte. Es waren also eher ängstliche Fragen, die auf eine pessimistische Grundhaltung schließen ließen. Mittlerweile habe ich diese Länder bereits öfter besucht und bemerkt, dass sich die Fragen verändert haben. Auch hier kreisen sie jetzt nicht mehr um das Böse, sondern um Themen wie Verletzungen aus der Kindheit, Beziehungsprobleme, Ängste und Depressionen. Es sind also existenzielle Fragen, genauso wie in Deutschland. Jetzt spüre ich eine viel größere Nähe zu den Menschen dort. Ich spreche mit ihnen genauso wie mit den Menschen, die meine Vorträge in Deutschland besuchen. Und ich fühle eine große Dankbarkeit, dass sie mir als deutschem Mönch zuhören, da sie von Deutschen doch so viel Unheil erlitten haben.

Die Erfahrung, dass Menschen in Ländern wie Argentinien, Brasilien und Mexiko meine Gedanken verstehen, hat mich ebenfalls sehr berührt. Auch bei ihnen gibt es ähnliche Probleme: Beziehungsprobleme, Probleme mit Angst und Unsicherheit, Fragen nach dem Sinn des Lebens und dem Umgang mit Verletzungen und Kränkungen. In diesen Ländern war ich bereits je zweimal. Dann Korea und Taiwan – das ist eine völlig andere Kultur, aber auch da habe ich gespürt: Die verstehen meine Sprache, und auch die Fragen, die sie stellen, sind nicht fremd. In Korea habe ich Vorträge gehalten, und man konnte mich in der Pause befragen. Es war ein Berg von Fragen, und ich konnte nur ein paar davon beantworten. Aber an den Fragen merkt man, dass mich die Menschen verstanden haben und wir die gleiche Sprache sprechen, trotz Dolmetscher und der Verschiedenheit der Kulturen.

Freude empfinde ich immer, wenn ich Menschen begegne, die mir erzählen, dass sie durch ein Buch oder einen Vortrag von mir oder durch ein gemeinsames Gespräch neu leben konnten. Freude habe ich in den Gottesdiensten mit Jugendlichen erlebt, in denen einfach das Leben getanzt wurde und Freude ausgebrochen ist. Aber manchmal sind es auch die ganz stillen Momente, in denen ich im Einklang mit mir selbst bin. Da bin ich dann glücklich.

Glück ist ein großes Wort. Ich bin dankbar für mein Leben und bin sehr oft auch glücklich. Aber Glück ist nicht etwas, woran man sich festhalten kann. Ich kann nicht ständig mit einem glücklichen Lächeln rumlaufen. Aber ich bin dankbar für mein Leben und dafür, dass es fruchtbar geworden ist, und in dem Sinn bin ich auch glücklich.

Was ich an Reaktionen in meiner klösterlichen Gemeinschaft über meine Erfolge als Referent und Buchautor mitbekomme, ist Respekt und Dankbarkeit. Erstens tut es auch der Gemeinschaft gut. Die Abtei ist durch mich bekannt geworden. Finanziell bringt es dem Kloster auch etwas ein, und da sind die Mitbrüder dankbar. Dass Einzelne in ihrem Herzen manchmal mehr Eifersucht und Neid spüren, kann ich mir schon vorstellen, aber sie zeigen mir gegenüber diese Gefühle nicht. Viele Mitbrüder lesen auch meine Bücher. Und viele denken ähnlich wie ich und lassen sich von meinen Gedanken inspirieren. So glaube ich, dass ich mit meinen Büchern die Denkweise vieler Mitbrüder geprägt habe.

Jugendarbeit

Ich habe mich immer sehr gerne in der Jugendarbeit engagiert. 25 Jahre lang. Jetzt bin ich 64 und habe mich von den normalen Jugendkursen, die die Abtei veranstaltet, zurückgezogen. Aber ich gehe bei fast jedem Kurs einmal in die Piazza. Das ist ein Ort, an dem sich die Jugendlichen mit den Mönchen treffen, und da merke ich, dass ich die jungen Menschen nach wie vor verstehe. Aber vor allem, dass ich sie nach wie vor liebe. Ohne Liebe kann man einander nicht verstehen.

Als ich von 1974 bis 1999 Jugendkurse hielt, nahmen oft 250 Jugendliche daran teil. Heute sind es noch 40 oder 50, also wesentlich weniger. Aber diejenigen, die kommen, sind sehr offen, und mit denen kann ich mich gut unterhalten. Da merke ich auch eine Bereitschaft, sich für meine Gedanken zu interessieren. In den Achtziger- und Neunzigerjahren war es sicher noch einfacher mit der Jugendarbeit. Da gab es viele, die wirklich auf einer spirituellen Suche waren. Heute gibt es so viele andere Angebote, und viele, die kirchlich engagiert sind, fühlen sich allein gelassen, weil sie in ihrem Umfeld die Einzigen sind, die noch in die Kirche gehen. Aber die Sehnsucht nach spiritueller Erfahrung ist bei den Jugendlichen auch heute noch da. Manchmal diskutiere ich mit Schulklassen, und da spüre ich eine große Offenheit. Aber es wäre wichtiger, sie zu spirituellen Erfahrungen anzuleiten, damit sie spüren: Das hilft mir, mit meinen Unsicherheiten, Ängsten und Bindungsängsten umzugehen.

In Brasilien wurde ich gebeten, etwas über die Weitergabe des Glaubens an Jugendliche zu schreiben. Ich verwies sie zwar auf ihre eigenen Jugendseelsorger, die doch viel näher an der brasilianischen Jugend dran seien als ich, aber sie wollten unbedingt, dass ich da etwas schreibe. Daraufhin schrieb ich, was mir wichtig erschien, nur für Brasilien, und hoffe, dass es die Jugendlichen anspricht. Wenn ich mit Jugendlichen spreche, möchte ich nicht in der Computersprache sprechen oder in einer Sprache, mit der ich mich anbiedere. Das stimmt nicht für mich. Ich bin dankbar, dass auch Jugendliche meine Bücher lesen – natürlich nicht die Masse, aber doch immer wieder Jugendliche. Ich bekomme auch von Schülern, die etwas von mir gelesen haben, Briefe, oder von Abiturienten oder aus der 11. Klasse, wenn zum Beispiel jemand ein Referat über meine Bücher halten muss. Denen schreibe ich stets zurück. Es freut mich, dass sie sich mit meinen Gedanken beschäftigen und sie auch verstehen.

Ich war also lange in der Jugendarbeit aktiv, aber in der Weise, wie ich es angegangen bin, kann man es heute wahrscheinlich nicht mehr weiterführen. Manchmal frage ich mich, welche Sprache ich wählen müsste, um diese Jugendlichen anzusprechen, wobei ich in meinen Vorträgen oder in Gottesdiensten oft junge Leute sehe. Neulich kam ein Zehnjähriger auf mich zu und fragte, ob ich ihn segnen könnte. Damit werden also auch Kinder angesprochen. Aber ich habe die Sprache für Kinder und Jugendliche nicht. Ich überlege mir nur: Was brauchen die Jugendlichen heute, was hilft ihnen zum Leben, was hilft ihnen, zu glauben? Zu meiner Zeit, es war die Siebziger- und Achtziger-Generation, waren die Jugendlichen kritisch der Kirche gegenüber, sie wollten eine neue, lebendigere Kirche haben. Heute haben viele Jugendliche überhaupt keine Beziehung mehr zur Kirche und brauchen völlig neue Orientierungen. Sie brauchen eine neue

Bei der Wanderung mit Jugendlichen, am Lagerfeuer, Besuch von Abt Fidelis

Klarheit, wahrscheinlich auch mehr Eindeutigkeit, und darin besteht die Kunst für mich: eine klare Sprache zu sprechen, ohne zu eng zu sein. Nur konservativ und eng und alles ist klar so – darauf fahren labile Jugendliche oft ab, aber damit helfen wir ihnen nicht. Wie können wir ihnen Halt geben in Klarheit und Freiheit? Diese Spannung zwischen Klarheit und Offenheit, Forderung und Freiheit, das ist die neue Herausforderung. Ich habe da keine Lösungen und glaube auch nicht, dass ich diese Sprache finde. Aber das wäre die Aufgabe für uns heute.

Das Recollectio-Haus

Das Recollectio-Haus – ein Haus für Priester und Ordensleute in Krisensituationen – habe ich gemeinsam mit Dr. Wunibald Müller ins Leben gerufen. Dr. Müller ist sowohl Psychologe als auch Theologe und war in Freiburg für Priesterberatung angestellt. Er kam 1989 auf mich zu und fragte mich, ob wir nicht ein spirituelles und therapeutisches Haus für Priester und Ordensleute gründen könnten. Er hatte so eine Einrichtung in Amerika gesehen, wo es die sogenannten *Houses of Affirmation* gibt – also Häuser, in denen Priester und Ordensleute für ein paar Monate bleiben können, um innere Stärkung zu erfahren. Seine Erfahrung war, dass die Einzelbegleitung eines Priesters oder Pfarrers oft nicht effektiv ist, weil dieser immer wieder in die alte Situation zurückkehrt und deshalb selten eine Verwandlung geschieht. So kam Dr. Müller auf die Idee, das Haus hier mit uns aufzubauen. Er kannte die Abtei Münsterschwarzach schon lange, weil er selbst hier im Internat gewesen war. Ich habe seine Idee mit dem Abt besprochen und stieß auf offene Ohren. Dieser meinte zwar, dass die Bischofskonferenz ein solches Unterfangen selbst in die Hand nehmen sollte, aber das wollte sie nicht. Wir haben dann noch zwei Jahre für die endgültige Entscheidung gebraucht, aber es schließlich in die Hand genommen. Drei Diözesen, Würzburg, Freiburg und Rottenburg, unterstützen uns gleich auf Anfrage und die Diözesen Mainz und Limburg hatten von sich aus angefragt, als Trägerdiözesen mitzumachen. So konnten wir das Recollectio-Haus 1991 eröffnet. Wir führen das Haus nun seit 18 Jahren und machen damit sehr gute Erfahrungen. In der

Regel sind 18 Männer und Frauen bei uns. Das sind Priester, katholische Pfarrer, kirchliche Angestellte wie Gemeindereferentinnen oder Pastoralreferenten, manchmal auch evangelische Pfarrer und Pfarrerinnen, obwohl es auf dem Schwanberg auch extra ein Haus für evangelische Pfarrer gibt, mit denen wir gut zusammenarbeiten.

Bei unseren Gästen geht es meist um Berufungskrisen oder um Konfliktsituationen, in die sie geraten sind und keinen eigenen Ausweg mehr finden. Sie bleiben in der Regel drei Monate bei uns. Jeder Gast hat einen therapeutischen und einen geistlichen Begleiter. Der Tag ist geprägt von therapeutischer und kreativer Gruppenarbeit, von spirituellen Gruppen und Einzelgesprächen. Die Gäste übernehmen aber auch Dienste in Haus und Garten. Es ist also eine Gemeinschaft, die da zusammenlebt und in der ein intensiver Prozess entsteht. Das hat sich sehr bewährt. Es ist eine Arbeit, die sehr geschätzt wird und auch uns Spaß macht. Aber natürlich ist es zwischendrin auch mühsam, Menschen durch ihre Krisen hindurchzuführen.

Unsere Gäste kommen auf verschiedenen Wegen zu uns. Die meisten kommen von sich aus, weil sie sagen: »Ich kann nicht mehr.« Die fragen dann erst einmal bei uns an und müssen alles Weitere anschließend mit ihrer Diözese regeln, weil diese den Aufenthalt finanziert. Manche Gäste werden geschickt, aber das ist in der Regel keine gute Motivation. Ich würde mich auch ärgern, wenn mich mein Bischof irgendwo hinschickte. Wenn jemand nur kommt, weil es der Bischof oder der Personalreferent will, und sich ansonsten gegen alles sträubt, hat sein Aufenthalt keinen Sinn. Aber wenn diese Gäste trotzdem eine Chance in unserem Angebot sehen können, kann ihr Aufenthalt erfolgreich sein.

Wenn ich im Recollectio-Haus Priester begleite, lasse ich mir immer ihre Berufungsgeschichte erzählen. Da ist natürlich vieles ähnlich wie bei mir. Viele waren Ministranten und in der Jugendarbeit in der Pfarrei engagiert. Die Kirche war ihre Heimat, und dann sind sie Priester geworden. Aber irgendwann merken sie, dass die Kirche nicht nur eine Heimat ist, sondern dass man auch selbst leben muss. Im Recollectio-Haus lehren wir bei unserer Begleitung: Dort, wo einer lebendig ist, dort begegnet er Gott. Gott ist der Gott des Lebens. Aber manche Menschen gehen den spirituellen Weg nicht, um lebendiger zu werden, sondern um dem Leben auszuweichen. Das merkt man daran, wie sehr sie körperlich oder geistig erstarrt sind. Aber das ist nicht die Form, die wir verkünden wollen. Wir wollen die Menschen wieder in ihre Lebendigkeit bringen. Dann wird ihnen aufgehen, was das Wort Jesu bedeutet: »Ich bin der Weg, die Wahrheit und das Leben« (Johannes 14,6). Nur wer sich auf den Weg der Lebendigkeit macht, wird die Wahrheit Jesu Christi erkennen und leben.

Kurse für Firmen

Ich bin oft zu Vorträgen und Seminaren in Firmen oder Banken eingeladen. Seminare halte ich auswärts nicht, aber Vorträge. In Münsterschwarzach habe ich zehn Jahre lang Seminare für Daimler gehalten, zu denen zweimal im Jahr zwischen 20 und 24 Teilnehmer für drei Tage ins Kloster kamen. Zurzeit spart Daimler aber sehr und hat auch dieses Angebot für seine Mitarbeiter gestrichen.

In Würzburg haben wir das Haus Benedikt. Dort haben wir das sogenannte Grüne Programm gestartet, das für Menschen gedacht ist, die im Beruf Verantwortung für andere haben. Bei den Seminaren arbeiten einige Psychologen mit. Ich halte bei jedem Seminar einen Vortrag. Bei manchen bin ich auch länger dabei. Die Seminare haben eine ganz klare Struktur: Um halb sieben ist morgens Meditation oder Qigong, dann folgt das Frühstück, das ebenso schweigend eingenommen wird wie das Mittagessen. Wer will, kann am Chorgebet teilnehmen, und schließlich gibt es Gruppenarbeit und Gespräche. Auf diese klare Struktur lassen sich die Teilnehmer sehr gern ein.

Außerdem bieten wir vier Kurse zur Ausbildung in verschiedenen Bereichen an. Fünf Kurseinheiten pro Jahr mache ich in Würzburg selbst mit. Ich halte dann immer einen Vortrag mit anschließender Aussprache. Und ich habe den ganzen Tag über Einzelgespräche, die aber nur eine Viertelstunde pro Teilnehmer dauern.

Bei den anderen Kursen halte ich jeden Dienstag einen Vortrag, der eine halbe Stunde dauert. Anschließend ist dann noch eine weitere halbe Stunde Zeit für eine Aussprache. Ich schaue mir immer die Themen der Kurse an und überlege mir, was ich dazu sagen kann. Es sind also keine ausgearbeiteten Referate, sondern ich sage das, was mir in der Situation einfällt.

Die Anregung, für Firmen Kurse zu geben, kam von außen. Es war ein evangelischer Christ und Trainer, der bei Daimler als Berater und Psychologe Kurse hielt. Der kam zusammen mit Herrn Siegfried Benz, dem damaligen Leiter des Lämmerbuckels, dem Tagungszentrum des Konzerns, zu mir, und sie hatten die Idee, dass es gut wäre, wenn die Mitarbeiter einmal drei Tage ins Kloster gingen. Sie waren sich aber sehr unsicher, ob das überhaupt angenommen würde. Zehn Interessenten müssten es mindestens sein, sonst würde man das nicht weiterverfolgen. Beim ersten Mal waren gleich 18 Teilnehmer da. So wurde das Angebot im nächsten Jahr gleich wieder ausgeschrieben – mit gleich großem Erfolg. Daraufhin wurden wir gefragt, ob man den Aufenthalt auch zweimal im Jahr anbieten könne, und schließlich wollten sie es drei- und viermal machen. Da habe ich dann aber gesagt, dass mir zweimal reichen, denn während der Woche ist es auch ein bisschen schwierig für mich, weitere Verpflichtungen einzugehen. Es ist schon immer eine Kunst, alles zu koordinieren. Aber gut war es. Abt Fidelis war auch sehr an diesen Kursen interessiert. Am Dienstagabend war regelmäßig ein Gespräch mit Mönchen geplant. Da habe ich oft den Abt eingeladen, und dem hat das großen Spaß gemacht hat. Für die Daimler-Mitarbeiter war immer höchst interessant, dass nicht nur ich da war, sondern auch der Abt und ein paar junge Mönche. Sie konnten alle Fragen stellen, die ihnen einfielen. Von Abt Fidelis und seiner Art und Weise, wie er Führung versteht und praktiziert, waren sie oft sehr angetan.

Auf diesen Kurs hin habe ich das Buch geschrieben »Menschen führen – Leben wecken« (Münsterschwarzach 1998). Ich dachte zuerst, ich kochte da auch nur mit Wasser und hätte gar nicht so viel zu sagen gegenüber den ganzen großen Führungstheorien. Aber dann habe ich gemerkt, dass es seinen Lesern guttut, und es ist bereits in ziemlich vielen Auflagen erschienen. Daraufhin haben sich viele weitere Firmen gemeldet und Interesse an meinen Seminaren und Vorträgen gezeigt. In der derzeitigen Finanz- und Wirtschaftskrise hatten wir gedacht, dass

Bei einer Gesprächsrunde während eines Kurses

weniger Menschen zu unseren Führungskursen im Haus Benedikt in Würzburg kommen würden. Aber wir haben im Moment mehr Anmeldungen als früher.

Die Menschen, die zu uns kommen, haben natürlich alle auch ein spirituelles Anliegen. Sie leiden oft unter der Kälte in ihrer Firma. Der Druck und die Verunsicherung nehmen zu. Ein Teilnehmer sagte einmal: »Früher hat man gedacht: Wenn ich fleißig bin, korrekt und intelligent arbeite, kann mir nichts passieren. Aber heute gibt es keine Garantie mehr. Es wird umstrukturiert, und da zählt der Einzelne überhaupt nichts mehr. Ich kann durch eine solide Arbeit nicht garantieren, dass ich in der Firma weiter arbeiten kann.«

Ich versuche zu vermitteln, dass ich mich nicht von äußeren Dingen her definieren sollte, sondern von meiner eigenen Wahrheit oder von Gott her. Ich darf mich auch in einer rauen Firma nicht verbiegen lassen, sondern muss mir meiner Würde bewusst sein. Wenn ich um meinen Wert weiß, lasse ich mich von andern nicht so leicht entwerten.

Ich gehe auf das Thema Zeit ein und auf Rituale – also wie ich trotz des ganzen Stress' selbst leben kann, anstatt gelebt zu werden. Außerdem geht es immer auch um Werte: Welche Werte gelten beim Führen? Die Sprache ist mir sehr wichtig: Welche Sprache verwende ich im Unternehmen? Oft wird da eine kalte, menschenverachtende Sprache gesprochen. Hilfreich ist eine Sprache, die ermutigt und aufbaut, statt vorwurfsvoll, verletzend und moralisierend zu sein.

Die Existenzangst kann man den Menschen in den Firmen nicht nehmen. Aber ich kann Wege aufzeigen, dass sie anders damit umgehen. Sie brauchen in der Angst das

Vertrauen, dass sie mehr wert sind als ihr Job. Wenn sie sich nicht vom Job her definieren, sondern von Gott und von ihrem wahren Wert her, dann können sie zumindest ruhiger auf die Umstrukturierungen reagieren und bei aller äußeren Unruhe bei sich selbst bleiben. Aber es ist mir durchaus bewusst, dass es momentan nicht so einfach ist.

Ein christlicher und guter Unternehmer aus der Möbelbranche, der zu seinen 100 Mitarbeitern ein tolles Verhältnis hat, erzählte mir, dass für ihn der ganze US-Markt sowie 80 Prozent in Spanien weggebrochen sind. Ebenso Irland und Island. Das sei eine sehr schwierige Situation, aber lediglich Insolvenz anzumelden, hätte keinen Zweck. Er müsse mit seinen Mitarbeitern reden und wisse nicht, ob er durchkommt oder nicht. Also auch sehr gute Führungskräfte geraten in schwierige Situationen, aus denen es oft keinen einfachen Ausweg gibt. Wenn der Markt total weggebrochen ist, kann man natürlich Fantasie für andere Produkte entwickeln. Der besagte Unternehmer hat das auch versucht, aber man kann nicht von heute auf morgen etwas völlig anderes machen. Schließlich muss man regelmäßig die Gehälter der Mitarbeiter zahlen, selbst wenn man keinen Umsatz macht. Das ist hart.

Dr. Merkle von Ratiopharm habe ich persönlich gekannt. Für seine Firma hielt ich vor einiger Zeit einen Vortrag. Merkles Sohn hatte mich damals eingeladen. Er ist sehr christlich und wollte auch das Unternehmen christlich führen. Er musste aber aufhören, weil er bei den anderen Managern mit seinen Ideen nicht durchkam. Ein Sparkassendirektor, mit dem ich befreundet bin, kannte Dr. Merkle auch gut. Er meinte, in unserer Gesellschaft werden Leute erst hochgejubelt, um anschließend genauso in die Hölle gestoßen zu werden. Dr. Merkle hatte keine großen Fehler gemacht, außer auf Anraten seiner Bank bei den VW-Aktien auf fallende Kurse zu setzen, weil die zu hoch waren. Die waren auch tatsächlich zu hoch, aber dann sind sie auf Betreiben anderer Spekulanten noch einmal höher gestiegen. Damit hatte sich Dr. Merkle verspekuliert und alles verloren. Den Banken ging es überhaupt nicht um diesen Mann, der jahrelang ein solider Kunde war, sondern nur darum, die eigene Haut zu retten, und alles andere galt jetzt überhaupt nicht. Bei ihnen herrscht ein Klima, in dem ich keine Verantwortung und keine Beziehung mehr aufnehme. Das Schlimmste ist aber eine Wirtschaft, die beziehungslos wird, bei der der Mensch und die Beziehung keine Rolle mehr spielen. In so einem Umfeld kann man nicht mehr wirtschaften.

Es gibt diese reinen Manager, die beziehungslos aufwachsen und nur noch am Schreibtisch sitzen.

Es wundert mich ein wenig, dass mich auch so viele Firmen als Vertreter der Kirche zu Vorträgen einladen. Bayer hat mich zum Beispiel eingeladen und Siemens, Daimler und viele andere große Firmen und Banken. Das Auditorium besteht teilweise aus den eigenen Führungskräften, teilweise aus Kunden. Seit einigen Jahren gibt es da ein neues Bedürfnis, und das freut mich natürlich. Noch vor zwanzig Jahren hätte man die Kirche nie gefragt, da galt ihre Meinung in der Wirtschaft nichts und sie hatte keine Kompetenz.

Bei den Vorträgen geht es oft um die Regel Benedikts und um Menschenführung in ihrem Sinne. Ich nenne das: Führen heißt, in den Menschen Leben wecken. Oder ich spreche über Führen mit Werten, über Wertschöpfung durch Wertschätzung. Die Zuhörer sind immer recht angetan. Manchmal halte ich solche Vorträge auch bei Kongressen. In Münster war so ein Kongress, bei dem auch der Handballtrainer Heiner Brandt dabei war.

Ich spreche nicht über die typischen Management-Themen. Mir geht es vielmehr um die Voraussetzungen des Führens, um die Menschlichkeit beim Führen und um eine gute Selbsterkenntnis. Ich erzähle viele Beispiele und mache keine große Theorie, deshalb finden sich die Leute oft auch selbst wieder.

Bei einer Tagung, auf der ich einen Vortrag halten sollte, war ich bereits früh da und konnte mir die ersten drei Vorträge anhören. Da dachte ich mir: Nein, da brauchst du dich nicht zu verstecken. Die Referenten machten da mit *Powerpoint* eine Riesenshow, und es war alles recht nett zum Anhören, aber unmöglich zu befolgen. Ich versuche, konkreter zu reden und nicht zu moralisieren. Ich möchte lediglich Mut machen, dem eigenen Gefühl zu trauen. Und da bin ich dankbar, dass ich den Leuten so oft das Gefühl geben kann, dass es authentisch ist, was ich sage. Gerade in den sogenannten Führungskreisen gibt es viele, die eine Show machen, deshalb tut denen etwas Authentisches einfach gut.

Manchmal werde ich gefragt, ob das nicht ein Alibi sei, wenn ich für manche Firmen Vorträge halte, und ob ich da nicht benutzt werde oder mein Reden nur ein Tropfen auf den heißen Stein sei. Ich habe nicht den Ehrgeiz, die ganze Welt zu retten, aber ich möchte die, die anders denken, stärken und unterstützen. Und vertraue auf den Sauerteig, der da aufgeht. Ich sage immer: »Wenn in einer Firma drei Leute ähnlich denken, kann niemand einfach darüber hinwegsehen, und es hat dann auch eine Wirkung.«

Themen

Herausforderungen des eigenen Lebens

Ungeduld, Ärger und Aggressionen

In Gesprächen versuche ich immer geduldig zu sein. Aber ich kenne natürlich auch die Ungeduld, wenn ich zum Beispiel in Bildungshäusern bin, am Büffet anstehe und merke, wie sich manche nicht entscheiden können, was sie nehmen sollen, und deshalb die ganze Schlange wartet. Daran erkenne ich, dass ich selbst eher ein entscheidungsfreudiger Mensch bin und nicht einer, der ewig braucht und sich dreimal überlegen muss, was er tut. Wenn jemand zu langsam ist, weckt das in mir Ungeduld.

Wenn ich spüre, ich habe mich geärgert, weil etwas schiefläuft, kenne ich zwei Reaktionen: Entweder jammere ich, dass alles schiefläuft, oder ich halte eine Sitzung ab, spreche das Problem an und gestalte etwas. Also ist Ärger ein Impuls, etwas zu gestalten.

Oft ärgere ich mich über kleinkarierte Menschen. Dann versuche ich immer zu sagen: »Ja, es ärgert mich, aber ich lasse es bei denen und ich gebe denen keine Macht über mich.« Auf keinen Fall will ich mich den ganzen Nachmittag ärgern. Ich habe keine Lust, dem Ärger zu viel Raum zu geben oder ihn gar noch zu kultivieren. Ärger ist vielmehr immer ein Impuls, mich zu distanzieren und mich zu schützen vor dem anderen oder etwas in Angriff zu nehmen.

Wenn ich mich über Mitbrüder ärgere, die mich ja durch unser gemeinsames Ordensleben gut kennen, dann frage ich mich: An welcher Stelle ist meine eigene empfindliche Seite und wo zeigt mir der andere meine Schattenseiten auf? Aber anschließend kann ich auch einfach sagen: »Gut, der ist anders und darf so sein. Ich ärgere mich zwar immer noch, aber ich gebe ihm keine Macht über mich, zumindest nicht so, dass er mein Leben bestimmt.«

Natürlich kann ich auch einfach einmal richtig ausrasten, wenn ich zum Beispiel alleine im Auto sitze und in einen Stau gerate oder wenn der Verkehrsfunk etwas meldet, was nicht stimmt. Oder ich bin ohnehin zu knapp dran und mein Navigationssystem fängt an zu spinnen, dann kann ich mich richtig ärgern und es auch einfach im Auto aus mir herausschreien.

Aggressionen sind für mich ein Thema von Nähe und Distanz. Wenn ich Aggressionen habe, ist es für mich stets ein Zeichen, dass ich eine Grenze habe überschreiten lassen oder dass der andere eine Grenze überschritten

Bei einer Tagung für Gemeindereferentinnen, etwa 1985

hat. Und da ist bei mir der erste Impuls, mich zu schützen, den anderen aus mir rauszuwerfen und Distanz zu gewinnen. Aggressionen wollen das Verhältnis von Nähe und Distanz regeln. Sie sind aber auch ein Impuls, etwas anzupacken, auf etwas zuzugehen, wie das lateinische Wort *aggressio* meint.

Bei Sitzungen, zum Beispiel Bausitzungen, die ich als Cellerar leiten muss, gibt es manchmal auch Aggressionen. Früher habe ich mir stets vorgenommen, eine friedliche Atmosphäre zu schaffen. Heute versuche ich einfach gelassen zu bleiben. Wenn sie streiten, dann streiten sie eben, aber ich lasse mich da nicht zu sehr reinziehen. Wenn sie ausgestritten haben, kann ich gelassen fragen: »Und was machen wir jetzt, was ist die Lösung?« Ich setze mich also weniger unter Druck. Bei den Handwerkern ist es völlig normal, dass die einmal ein bisschen deftig reden. Das darf man nicht so schwer nehmen oder sofort fromm glatt bügeln. Da ist es für mich wichtig, dass ich eine innere Distanz habe und einigermaßen friedlich bleibe oder Klarheit verbreite. Ich kenne auch Sitzungen, die sehr emotional werden, aber die bringen meistens nichts. Die Emotionen dürfen sein. Aber wir müssen durch sie hindurchgehen, um wieder klar denken zu können.

Wenn ich Aggressionen von anderen erfahre, betrifft mich das trotz aller Gelassenheit, und wenn ich kritisiert werde, kenne ich durchaus eine empfindliche Stelle in mir. Ich versuche dann, in mich hineinzuhorchen: An welcher Stelle steckt in der Kritik eine Herausforderung, etwas anders, ja vielleicht klarer zu formulieren? Oder wo hat der andere recht – wo war ich vielleicht zu einseitig und zu glatt? Und ich frage mich, an welcher Stelle es mein Problem ist und wo es das Problem des anderen zum Ausdruck bringt. Oder ich sage mir: »Gut, der darf so denken, aber ich brauche den jetzt nicht zu überzeugen, und ich bin nicht für sein Problem verantwortlich.«

Scheitern und Anfeindungen

Es gibt einen Unterschied zwischen Anfeindung, Misserfolg und Scheitern. Scheitern erlebte ich zum Beispiel in der Finanzkrise. Die Art und Weise, wie ich Geld angelegt habe, ist nicht so gut gelungen, wie ich gedacht hatte. Das ist für mich auch stets eine spirituelle Herausforderung, mich zu fragen: »Wo bist du versucht, dich auf dem Erfolg auszuruhen?«, und überhaupt zu fragen: »Wer bist du?« Ich darf mich nicht vom Erfolg her definieren. Das Wichtigste ist, dass ich der suchende Mönch bin, der auf dem Weg bleibt und der sich von Gott her definiert und nicht vom Erfolg her.

Selbstverständlich bekomme ich auch Briefe, in denen ich beschimpft werde, ich würde das Eigentliche des Christentums nicht vermitteln und alles verfälschen. Oder meine Theologie sei esoterisch und nicht mehr christlich. Manche dieser Anfeindungen sind sehr aggressiv. Da frage ich mich dann, was dahinter steckt. Können manche nur fromm sein, wenn sie die Gewissheit haben, nur sie hätten recht und alle, die anders denken, muss man sich in die Hölle wünschen? Ich versuche zu verstehen: Wie viel Angst steckt hinter solchen aggressiven Vorwürfen? Ist es die Angst, die eigenen Schattenseiten anzuschauen, sich zu verabschieden von dem Idealbild, das man gerne sein möchte? Natürlich versuche ich bei manchen Anfeindungen auch zu spüren, an welchen Punkten berechtigte Kritik geübt wird. Die versuche ich zu berücksichtigen. Ich will ja nicht sagen, dass ich alles richtig sehe und richtig denke. Es ist eine Herausforderung, seine eigenen Gedanken zu hinterfragen und zu fragen: »Was sind heute die Sehnsüchte der Menschen und ihre Fragen?« Vielleicht beantworte ich mit manchen Büchern nur meine eigenen Fragen. So versuche ich, stets hinzuhören, welche Fragen hinter den Kritiken stecken. Aber manche Vorwürfe sind lediglich unqualifiziert. Das ist dann mehr das Problem des Schreibers, und ich versuche das, was er schreibt, bei ihm zu lassen. Er darf so denken, und ich muss ihn nicht überzeugen. Vielleicht will er gar nichts anderes hören. Ich merke immer mehr: Ich kann es nicht allen recht machen. Ich möchte mich jetzt nicht mit Jesus vergleichen, weil das auch gefährlich ist, aber mir ist die Erfahrung neu aufgegangen, die Jesus bei seiner ersten Predigt in Kafarnaum gemacht hat. Da hat er einfach nur von Gott gesprochen, aber in einer Weise, dass da der unreine Geist sich geregt und ihn angeschrien hat: »Was willst du von uns?« (Markus 1,24). Diese Reaktion auf die Predigt Jesu kann ich gut nachvollziehen. Denn ich kenne auch Vorträge, bei denen ich ganz friedlich etwas erzähle über Gott und den Himmel und das ewige Leben und auf einmal aggressive Kritik bekomme. Da regt sich offensichtlich in einem Hörer eine heftige Aggression, weil sein Gottesbild infrage gestellt wird. Und das will er nicht zulassen. Ebenso war es bei Jesus: Weil er mit Vollmacht geredet hat, konnten sich alle dämonischen Gottesbilder nicht mehr verstecken, sondern mussten heraus. So ist das manchmal bei meinen Vorträgen auch, wobei ich – wie gesagt – nicht in die Gefahr geraten möchte, mich mit Jesus zu identifizieren. Denn ich kenne leider Priester, die sich so stark mit Jesus identifizieren, dass sie sagen: »Jesus ist angeeckt, also kann ich auch anecken, und je mehr ich anecke, desto mehr bin ich jesusgemäß.« In Wirklichkeit rechtfertigen sie damit aber ihre asozialen Verhaltensweisen, und in diese Falle möchte ich nicht treten.

Erfolg und Misserfolg

Bei den Geldgeschäften kenne ich beides, Erfolg und Misserfolg. Das gehört einfach dazu. Es gab immer wieder gute Phasen. Wir haben in den letzten Jahren viel gebaut, vor allem für andere Menschen, für die Schüler, die unsere Schule besuchen, für unsere Gäste in den Bildungshäusern. Wir haben das Geld stets gut angelegt, indem wir es für die Menschen investiert haben. Aber es gab bei den Geldgeschäften – gerade jetzt in der Finanzkrise – auch Misserfolge. Wenn man Misserfolg hat, wissen es im Nachhinein immer alle besser. Und es ist natürlich in den 32 Jahren, in denen ich die Verwaltung leite, auch bei den Bauten oder bei der Zusammenarbeit mit externen Firmen manches nicht so gut gelaufen. Da gab es durchaus Misserfolge, und ich konnte nicht alles so gestalten, wie ich mir es vorgenommen hatte. Es gibt einfach Grenzen von den Mitbrüdern und Mitarbeitern und von mir selbst her.

Nicht so gelungen waren auch ein oder zwei Vorträge, bei denen Koreferate gehalten wurden und ich bemerkte, dass überhaupt keine gute Stimmung im Raum war. Da brachte selbst die Aussprache nichts, weil sich nur einige profilieren wollten. Solche Koreferenten muss man dann reden lassen und sie fragen: »Was wollten Sie jetzt eigentlich fragen?« Oder ich gehe gar nicht darauf ein und versuche freundlich zu bleiben. Aber manche lassen sich da nicht beruhigen, und die Leute aus dem Publikum werden unruhig. Ab und an werden dann Fragen gestellt, die total daneben sind. Oder es gibt aggressive Vorwürfe. Einmal habe ich einen Vortrag über Engel gehalten. Da hat eine Religionslehrerin gesagt, für sie sei Gott eine Familie: Vater, Sohn – und der Heilige Geist sei die Mutter. Ich antwortete: »Das ist ein schönes Bild. Aber Gott ist weder Vater noch Mutter, sondern er ist jenseits aller Dinge.« Sie beharrte jedoch penetrant auf ihrer Position, und ich müsse das unbedingt betonen, sonst sei es keine Theologie, was ich da verkünde. Ihr Tonfall war sehr aggressiv und die Leute regten sich bereits auf, weil die Frau so penetrant war. Ich sagte ihr, ich könne in Gott durchaus weibliche Aspekte erkennen, aber nicht Gott statt als Vater nun ausschließlich als Mutter sehen. Das sei genauso engstirnig. Es gibt also manchmal Situationen, in denen man merkt, dass es keinen Zweck hat, da jetzt weiterzudiskutieren. Oder einmal, das ist schon länger her, da hat der Leiter Gott sei Dank den einen gestoppt, weil er wusste, dass er zu jedem Vortrag kommt und bei jedem Vortrag das gleiche Thema anspricht, obwohl es überhaupt nicht zum Vortrag passt.

Alter, Leid und Tod

Viele Menschen haben Angst vor Hilflosigkeit, vor der Pflegebedürftigkeit und davor, dass sie womöglich einfach nur dahinvegetieren und anderen zur Last fallen. Sie haben Angst, ihren Kindern oder der Gesellschaft zur Last zu fallen. Das hat nicht nur damit zu tun, dass sie hilflos sind und andere für sie sorgen müssen, sondern es hängt auch mit dem eigenen Weltbild zusammen: Wer bin ich denn, wenn ich auf Hilfe angewiesen bin oder wenn ich nicht mehr bei Verstand bin, wenn ich nicht mehr mein Leben gestalten kann? Das ist immer auch eine Frage nach dem eigenen Selbstwert und Selbstbild. Viele halten an dem Bild des starken, erfolgreichen, stets intelligenten und alles im Griff habenden Menschen fest. Aber wenn sie krank und schwach werden, ist es für sie eine große Herausforderung. Wer bin ich, wenn ich schwach bin, pflegebedürftig, wenn ich nicht mehr sprechen oder schreiben kann? Das ist für mich letztlich eine spirituelle Herausforderung. Was ist mein wirkliches Selbst? Ich habe zwei Mitbrüder, bei denen Alzheimer diagnostiziert wurde. Sie sind nicht viel älter als ich, und da frage ich mich schon, wie es mir selbst mit einer solchen Diagnose ergehen würde. Vor einiger Zeit war ich mit der Frau von Walter Jens zusammen in einer Fernsehsendung. Dieser leidet bekanntlich unter Demenz, und man hätte nie gedacht, dass jemand, der geistig so aktiv ist, davon betroffen sein könnte. Aber es kann offensichtlich jeden treffen. Darin sehe ich auch eine große Herausforderung: Wie gehe ich damit um, wenn die Seele sich zurückzieht? Ist mein Leben dann trotzdem noch wertvoll? Das ist das eine. Und das andere: Beim Sterben ist bei vielen Menschen die Angst vor dem Kontrollverlust am größten; dass sie sich nicht mehr kontrollieren können. Es ist nicht so sehr die Hilfsbedürftigkeit, sondern der Kontrollverlust und dass man sein Leben nicht mehr im Griff hat. Das macht Angst, und es ist eine Herausforderung, sich Gott zu überlassen. Das sind alles spirituelle Haltungen, die da im Sterben gefragt sind und die wir unser ganzes Leben lang einüben sollten.

Natürlich frage ich mich auch persönlich, wie das so wäre, wenn sich im Alter alles ändert. Es gibt verschiedene Szenarien: Das eine, dass ich Vorträge halte und keiner geht mehr hin. Das wäre etwas, das ich dann akzeptieren müsste. – Meine Gedanken sind jetzt nicht mehr so wichtig, obwohl ich noch geistig wach bin und weiter lesen und schreiben und andere Menschen begleiten könnte. Das wäre, glaube ich, eine Herausforderung: einfach in aller Stille und für mich selbst zu lesen, zu überlegen, was mich trägt, dem Geheimnis Gottes und des Menschen nachzuspüren.

Das andere ist, dass ich nicht mehr klar denken oder nicht mehr schreiben könnte. Da weiß ich nicht genau, wie ich damit umgehen würde. Aber es ist für mich eine Herausforderung, die Frage zu stellen: Wer bin ich selbst? Bin ich nur ich, wenn ich erfolgreich bin und etwas zu sagen habe, oder wer ist dieses Ich, wenn es nichts mehr zu sagen hat, wenn es verstummt und sich zurückzieht? Das ist für mich auch eine Frage nach dem Wesen des Menschen.

Da ist die Frage der Angst. Ich spreche mit meiner Angst, versuche, sie genauer zu verstehen und zu konkretisieren. Ist es die Angst vor Kontrollverlust oder davor, schwach zu sein und zu siechen? Oder ist es die Angst vor den Schmerzen, die mich im Alter und im Sterben erwarten? Oder ist es die Angst vor dem Tod und vor dem, was mir begegnet, wenn ich sterbend Gott begegne? Habe ich mir dazu nur eine Theorie zurechtgelegt? Wenn ich zum Beispiel ins Flugzeug steige, ist stets der Gedanke dabei, es könnte mein letzter Tag sein. Da schwingt sicher die Sorge mit, dass ich mein Werk noch nicht zu Ende gebracht habe. Ich müsste noch die Verwaltung übergeben oder möchte hier und da noch ein Stück weitermachen. Das ist die eine Überlegung, aber die andere ist: Gut, mein Werk muss nicht vollendet sein. Natürlich gibt es auch die Sehnsucht, mit 80 vielleicht weise zu sein, aber ich denke, das ist mein Bild. Es ist Gottes Sache, wie er mein Leben beendet. Und selbstverständlich möchte ich, dass das Leben rund wird und der Tod das Leben gut abrundet – aber was bedeutet das schon? Der eine ist mit 63 an einem Herzinfarkt gestorben, oder der andere mit 57. Ein Zielbild des spirituellen Menschen ist der weise alte Mensch, aber da merke ich, das sind wieder meine Bilder, meine Bilder von Tod und von Altwerden. Ich kenne diese Wünsche, aber ich versuche mir stets zu sagen: »Es ist Gottes Wille und nicht meine Vorstellung.« Vor dem richtenden Gott und vor Verdammnis habe ich keine Angst, auch nicht vor dem Unbekannten. Den Tod habe ich bei Mitbrüdern erlebt, und vor dem Sterben kommt immer auch das Leben durch. Manchmal hatte ich bei ihnen das Gefühl, dass da alles richtig war oder eben nicht. Ich weiß, dass ich nicht perfekt bin, aber ich habe das Vertrauen, dass das, was nicht richtig war in meinem Leben, von Gott verwandelt

Am Ende einer Eucharistiefeier bei einem Trauerkurs in Münsterschwarzach

wird. Ich weiß nicht, wie mir das Altwerden und Sterben gelingt. Paulus hat einmal geschrieben, er habe Lust, von dieser Welt zu scheiden, um bei Christus zu sein. Das kann ich nachvollziehen. Wenn ich die Bachkantate »Ich habe genug« höre, in der Simeon singt: »Ich freue mich auf meinen Tod«, dann gibt es auch eine Stimme in mir, die sagt: »Ja, das wäre schön!« Aber das ist keine Todessehnsucht, sondern mehr eine innere Freiheit. Ich lebe gerne, aber ich habe keine Garantie, wie lange ich gesund bleibe. Und wenn ich bei Paulus lese, dass es besser sei, aufzubrechen, um bei Christus zu sein (vgl. Philipper 1,23), gibt es mir die Gelassenheit, zwar gerne zu leben, aber wenn es anders kommt, ist es auch gut.

Dennoch habe ich natürlich keine Garantie, wie gut es mir dann im Sterben gelingt. Ich vertraue darauf, dass Gott mir das schenkt, was für mich stimmt. Aber auch

Karl Rahner, der sehr viel über die Psychologie des Todes geschrieben hat, hielt bei seinem 80. Geburtstag einen wunderbaren Vortrag darüber, was ihn im Tod erwartet. Aber als der Tod nahe kam, hatte auch er Angst vor dem Sterben.

Bei Kursen habe ich den Teilnehmern und Teilnehmerinnen bereits öfter die Aufgabe gestellt, einen Nachruf zu verfassen, einfach um sich klar zu werden, was in ihrem Leben zählt und was sie mit ihrem Leben den andern vermitteln wollen. Bei solchen Kursen habe ich auch öfter einen Nachruf für mich verfasst. Allerdings ist der letzte bereits eine Weile her, und was da einmal stand, weiß ich nicht mehr. Aber ich wünsche mir, dass in meinem Nachruf stehen wird, dass er ein weites Herz hatte und dass er die Menschen geliebt hat, für die er die Bücher geschrieben hat. Das wäre für mich wichtig.

Spiritualität zwischen Buddhismus, C. G. Jung und Christentum

Buddhismus und Personalität

Der Buddhismus, der in Europa gelehrt wird, ist mehr eine buddhistische Philosophie und nicht die buddhistische Religion. Ich erlebe viele Psychologen und Gebildete, die in dieser Richtung suchen, und frage mich, warum das so ist. Wenn ich mit ihnen rede, höre ich, dass das Christentum zu viel von Sünde geredet und uns Menschen immer nur schlecht gemacht und als Sünder bezeichnet habe. Das ist für mich auch die große Not. Viele, die heute zum Buddhismus neigen, sind eben verletzt worden von der Kirche, und gerade durch dieses Schlechtmachen: Du bist Sünder! Du bist nicht richtig!, hat die Kirche wirklich viele Menschen verletzt. Der Buddhismus kennt dagegen keine Schuld, sondern es geht um innere Befreiung und einen spirituellen Weg.

Ich habe mich auch mit Zen-Meditation beschäftigt, und für mich ist es eine echte Herausforderung, dass wir Christen die Sünde nicht ständig in den Mittelpunkt stellen. Jesus tat das nicht, und die gesunde Theologie hat das auch nie getan. Jesus sprach in erster Linie von der Barmherzigkeit Gottes. Er wandte sich an diejenigen, die damals als Sünder galten, und hat sie aufgerichtet. So müssten wir uns an die eigene Brust klopfen und fragen, ob wir der Botschaft Jesu stets gerecht geworden sind oder ob wir nicht nur unsere eigene Selbstverurteilung mit christlichen Motiven vermischt haben.

Das andere ist, dass der Buddhismus auch spirituelle Wege zeigt und damit eine Herausforderung an uns darstellt. Heute sind gerade die Wege der Mystik wieder gefragt. Eine gesunde christliche Theologie und die Naturwissenschaft sind genauso kompatibel wie Buddhismus und Naturwissenschaft. Manche fasziniert vor allem die Psychologie des Buddhismus, aber wir Christen versuchen ebenso, Spiritualität und Psychologie zusammen zu sehen. Auf der anderen Seite ist es für mich sehr wichtig, dass wir auch vom Buddhismus lernen, dabei aber unsere eigene christliche Antwort finden und neues Selbstvertrauen entwickeln.

Vor einiger Zeit habe ich bei Psychologen einen Vortrag gehalten, die bisher mehr im Buddhismus gesucht haben. Ich wurde bewusst als Christ eingeladen, weil sie ihre christlichen Wurzeln wiederfinden wollten, und da sagte mir einer von ihnen, er habe den Eindruck, dass manche Klienten ihre Beziehungsunfähigkeit religiös überspielten, indem sie vom Einswerden mit dem Göttlichen schwärmen und von der Ich-Auflösung, der Alleinheit.

Viele gehen in diese Richtung, weil sie nicht bereit sind, ihre Beziehungsunfähigkeit zu betrauern. Sie erhöhen sie vielmehr, indem sie sagen: »Wir brauchen gar keine Beziehung, denn wir sind schon eins mit allem.« Anstatt ihre Beziehungsunfähigkeit zu betrauern, stellen sie sich über die andern Menschen und über ihre eigenen Wunden. Das ist eine Kompensation – so sagt uns die Psychologie –, die nicht in die Lebendigkeit, sondern in eine Scheinwelt hineinführt. Bei vielen, die im Buddhismus suchen, erlebe ich diese religiöse Kompensation ihrer Beziehungslosigkeit. Der Buddhismus spricht von einem apersonalen Gott, und das ist für viele interessant. Das Christentum hat dagegen stets vom persönlichen Gott geredet. Hier müssen wir eine Synthese finden. Für mich ist Gott immer beides, persönlich und überpersönlich. Gott ist der Geist, der die ganze Welt durchdringt und ihre Energie oder wie wir das nennen wollen – und da können wir durchaus auch die Ausdrücke vom Buddhismus übernehmen – aber er ist ebenso das Du.

In der geistlichen Begleitung ist für mich ganz entscheidend, dass das Selbstbild und das Gottesbild korrespondieren. Das ist psychologisch so: Wenn ich Perfektionist bin, habe ich auch ein perfektionistisches Gottesbild, oder wenn ich eine Buchhaltermentalität habe, habe ich ein Buchhalter-Gottesbild. Wenn einer ein strafendes Gottesbild hat, frage ich nie nach seiner Theologie, sondern immer nach seinem persönlichen Selbstbild: Warum hast du es nötig, dich selbst zu bestrafen? Was ist die

Selbstbestrafungstendenz in dir und welchem inneren Bedürfnis oder welcher inneren Sehnsucht willst du damit aus dem Weg gehen?

Die Selbstbestrafungstendenz ist oft ein Ersatz für das ungelebte Leben oder sie geschieht aus Angst vor der eigenen Vitalität oder irgendwelchen anderen Dingen. Wenn ich dieses Prinzip der Korrespondenz zwischen Gottes- und Selbstbild auf das apersonale Gottesbild des Buddhismus beziehe, muss ich feststellen, dass es im Buddhismus keine Kultur der Personalität und der Interpersonalität gibt. Aber sowohl im Christentum als auch im Judentum hat sich eine hohe Kultur der Interpersonalität entwickelt, und da sollten wir wieder mit neuem Selbstvertrauen dran gehen. Eben nicht nur sagen, Gott ist persönlich. Manchmal haben wir Christen Gott verkleinert oder ihn wie einen Menschen gesehen, wenn wir über den persönlichen Gott geredet haben. Wir haben ihn wie einen Freund dargestellt, mit dem man genauso sprechen kann wie mit einem befreundeten Menschen. Und wir haben die Forderung aufgestellt: Du musst eine persönliche Beziehung zu Gott aufbauen! Damit, dass sie zu Gott eine persönliche Beziehung herstellen sollen und sie dann auch noch spüren müssen, haben wir die Menschen oft unter Druck gesetzt. Manchmal haben wir die Personalität Gottes zu sehr mit menschlichen Begriffen gesehen. Aber gerade an Jesus wird deutlich, dass Gott eben auch persönlich ist, dass er uns gegenüber steht, dass er uns herausfordert, dass wir antworten müssen auf dieses Du. Wir können ihn nicht unverbindlich von unserem bequemen Sessel aus betrachten. Für mich ist es eine sehr wichtige Frage, wie wir von der Personalität Gottes sprechen. Ich habe manchmal den Eindruck, dass Menschen, die vom Buddhismus schwärmen, mit dem Personsein Probleme haben. Peter Schellenbaum warnt vor dem »ozeanischen Verschmelzungsgefühl«. Jesus sagt: »Wer mein Jünger sein will, der verleugne sich selbst und folge mir nach« (Lukas 9,23). Sich selbst verleugnen heißt, frei zu werden von der Macht des Ego, und das ist sicher christlich wie buddhistisch gleich. Aber Ich-Auflösung, also zu sagen: »Es gibt kein Ich, es gibt keine Person«, wie es manche Buddhisten meinen oder wie es Willigis Jäger formuliert, das halte ich für eine Kompensation der eigenen Apersonalität.

Ich war vor einiger Zeit in einem buddhistischen Nonnenkloster in Taiwan und habe mit den Nonnen dort diskutiert. Es wurde mir dort wieder sehr bewusst, dass es keinen Sinn macht, wenn einer den anderen bekehren will. Wichtig ist vielmehr, dass wir nicht alles vermischen, und versuchen, mit Interesse, mit Offenheit, mit Achtung einander zu fragen: Wie versteht ihr das Leben und den spirituellen Weg und Gott und den Menschen, und wie verstehen wir ihn? Dann kann man sicher manche Antworten, die das Christentum bisher gegeben hat, hinterfragen. Die Offenheit und der Dialog der Religionen sind sicher notwendig für den Frieden in der Gesellschaft. Das andere aber ist: Wie kann unser konkreter Glaube gelebt werden? Da können wir keine Einheitsreligion basteln, sondern jede Religion hat eine bestimmte Sprache, die man nicht so einfach wechseln und vermischen kann. Auch kann man nicht lediglich die Rituale übernehmen. Das ist genauso in der Ökumene zwischen der katholischen und evangelischen Kirche. Es gab Zeiten, da glaubte man, eine Einheitskirche sei die Lösung, aber diese Vorstellung ist gescheitert. Man kann darüber jammern, aber die Globalisierung weckt auch ein Bedürfnis nach Regionalisierung, und so ähnlich ist es in den Religionen. Es gibt ein Bedürfnis nach festen Formen und klaren Gestalten, die aber trotzdem offen sind. Niemand will eine neue Ghetto-Mentalität, aber klare Konturen sind wichtig, die trotzdem offen sind für den offenen und fairen Dialog mit anderen Religionen.

Beziehungen

Wenn ich bei meinen Kursen Gespräche mit Menschen führe, stehen meistens Beziehungsprobleme in der Ehe, in der Familie und zwischen Geschwistern im Mittelpunkt, und oft die Unfähigkeit, miteinander zu sprechen, also die Unfähigkeit zur Kommunikation. In der Psychologie wurde viel über Kommunikation geschrieben, aber das allein hilft nichts. Ich denke, dass da mehr fehlt. Wer von Gott richtig redet, redet auch vom Menschen richtig: C. G. Jung sagt, Gott sei der stärkste Archetyp, und wenn dieser Archetyp krank sei, würde auch der Mensch krank. In einem richtigen Gottesbild liegt also ebenso das richtige Menschenbild. Das Bild des dreifaltigen Gottes ist in sich schon ein Beziehungsbild. Gott ist in sich Beziehung. So braucht auch unsere menschliche Beziehung ein spirituelles Fundament, ein Fundament im richtigen Gottesbild.

Wenn ich Gott vereinnahmen will gegen andere – *wir* glauben an den wahren Gott, aber die anderen, die lösen Gott und Mensch völlig auf – verweigere ich die Beziehung zu den Menschen, die sich mit dem Glauben schwer tun. Ich teile die Menschen ein in Glaubende und Nichtglaubende und löse mich aus der Beziehung zu ihnen. Das ist sicher nicht der richtige Weg.

Es gibt aber noch die andere Gefahr: Manche, die das Gottesbild ins Apersonale auflösen, stellen sich nicht ihren Beziehungsproblemen. Sie schwärmen so vom Einswerden mit dem Göttlichen, dass sie ihre Beziehungsprobleme religiös überspringen. Doch das fördert die menschlichen Beziehungen nicht.

Es war bereits in der frühen Kirche eine große Diskussion um das Personsein Gottes. Es wurde der Begriff *Hypostase* geprägt, Feststehen, also in sich stehen. Manche Theologen sind der Auffassung, der Personbegriff in der Dreifaltigkeit sei von Gott her entwickelt und erst dann auf den Menschen übertragen worden. Es bräuchte da sicher eine neue Diskussion, wobei die nicht rein philosophisch sein kann, sondern mehr auf der psychologischen, mystischen, existenziellen Ebene geführt werden müsste. Ich spüre da ein Thema, aber ich habe noch keinen Ansatz. Aber wir bräuchten ein neues Nachdenken über das Thema Beziehung zwischen den Menschen, Beziehung zu mir selbst, zu den Dingen und zu Gott. Das wäre nicht nur eine theologische Aufgabe, sondern eine existenzielle Hilfe, Beziehungen authentisch zu leben.

Es wäre sicher auch die Aufgabe der Kirchen, die Vertikale, also den Himmel, offen zu halten über dieser Welt oder, konkret, die Frage nach Gott offen zu halten. Es gibt das berühmte Buch von Albert Biesinger »Kinder nicht um Gott betrügen« (Herder, 14. Auflage 2007). Wir dürfen die Welt nicht um Gott betrügen. Also das Christliche darf nicht rein im Psychologischen, Soziologischen aufgehen. Es ist unsere Aufgabe, die Frage nach Transzendenz, nach Gott, offen zu halten, auch in einer Sprache, die nicht sofort verstehbar ist. Die Kunst ist, dass sie keine reine Ghettosprache ist, sondern eine Sprache, die nicht vereinnahmbar, aber verständlich ist. Vielleicht kann man so sagen: »Selbst die, die nichts von Transzendenz verstehen, müssen spüren, dass unsere Glaubens-

Nach der Taufe eines Kindes, etwa im Jahr 1980

sprache eine Sehnsucht anspricht, die auch sie bewegt.« Unsere Sprache muss also noch eine Beziehung zu diesen Menschen herstellen können, ohne eine gewöhnliche Zeitungssprache zu sein. Denn auf dem Zeitungsniveau kann man über Transzendenz nicht diskutieren.

In der Osternacht feiern wir in der Abtei drei Stunden Gottesdienst, von viertel vor elf bis viertel vor zwei in der

Nacht. Die Kirche ist da immer voll bis auf den letzten Platz. Es gibt keine lange Predigt, sondern nur eine kurze Ansprache; alles andere ist Liturgie: die Kerze allein am Anfang, die Lesungen, die Stille und viele Rituale. Das Sich-die-Zeit-Nehmen ist das Geheimnis, das die vielen Gottesdienstbesucher fasziniert, und das Feiern, ohne alles erklären zu wollen. Dass man in einer Predigt versucht, Ostern zu erklären, ist sehr sinnvoll, aber es ist ebenso wichtig, dass man einmal drei Stunden etwas ohne Erklärung feiert.

Ich, Nicht-Ich und Gottesbild

Die Psychologen haben recht, wenn sie sagen, ich müsse erst das Ich stärken, bevor ich es loslassen kann. C. G. Jung meint, ich solle vom Ich zum Selbst kommen, in die eigene Mitte, in der ich dann mein wahres Wesen leben würde, aber nicht mehr egozentriert sei, nicht mehr egozentrisch. Ego meint: Ich stehe im Mittelpunkt und muss mich beweisen. Das Selbst sagt nur: »Ich darf sein, ich bin.« Die Mystiker sagen nicht, das Ich müsse weg, sondern: Das Ich hat eben die Tendenz, auch Gott für sich zu vereinnahmen. Gott dient dann meinem eigenen Ego. Das ist eine große Gefahr, und man erlebt das oft bei spirituellen Menschen, dass sie Gott missbrauchen, um sich selbst über andere zu stellen, dass sie also eigentlich ihr Ich aufblähen. Wenn einer zu große Worte zum Ich-Tod verliert, bin ich skeptisch. Ich kenne Menschen, die vor lauter Ichlosigkeit gar nicht merken, wie egozentrisch sie sind und wie aufgeblasen ihr Ich in Wirklichkeit ist.

C. G. Jung spricht von der Gefahr der Identifikation mit dem Archetyp. Wenn mich jemand fragt: »Bist du

Mystiker?«, sage ich stets: »Nein«. Für mich ist der mystische Weg richtig, und ich versuche den mystischen Weg zu gehen, aber mich zu identifizieren mit dem Bild des Mystikers ist hoch gefährlich, denn dann mache ich mich zu was Interessantem, zu etwas Fehlerlosem oder Geheimnisvollem und merke gar nicht, wie ich alles Mögliche auf mich projiziere oder mich selbst da irgendwie inflationär auflade.

Wenn die Buddhisten sagen, dass das Selbst, die Person weg müsse, würde ich einschränken: Das Ich, diese Struktur des Ich, das besitzen will, muss weg, aber nicht die Person. Mir widerstrebt diese Auflösung, alles sei eins, und ich denke, das widerstrebt auch der menschlichen Würde.

Die Buddhisten haben durchaus einen Aspekt in die Debatte gebracht, den wir bedenken müssen. Die Apologeten, die auf dem Personsein Gottes beharren, sind manchmal auch zu kleinkariert. Gott ist persönlich *und* überpersönlich. Diese Spannung müssen wir aushalten, und manchmal ist es durchaus legitim, wenn manche eine Zeit lang mehr das Apersonale, Überpersönliche betonen. Sie sehen Gott als Liebe, die einfach da ist, und das ist auch legitim. Bereits Romano Guardini hat von der Philosophie des Gegensatzes gesprochen, und C. G. Jung von der Polarität. Das ist für mich ein Grundgesetz. Immer wenn ich eines absolut nehme, verfälsche ich die Wahrheit. Wenn ich sage: »Gott ist nichts als Energie«, ist das für mich eine Nivellierung. Dogmatik heißt, die Spannung auszuhalten und das Geheimnis offen zu halten, die Sehnsucht nach dem ganz Anderen offen zu halten. Manchmal ist Gott wie apersonal, aber ich darf ihn nicht festlegen, sondern er ist auch das Andere. Darüber habe ich sehr oft mit Menschen diskutiert, die nur vom apersonalen Gott sprechen. Es ärgert mich, wenn das Personsein Gottes lediglich als Zugeständnis an die armen Leute gedeutet wird, die das noch brauchen. Denn das stimmt einfach nicht. Da merkt man wieder, wie sich vor lauter Apersonalem das Ego aufbläht.

Das andere Thema, das mich in diesem Zusammenhang bewegt, ist das Thema »Bild«. Ich spreche immer von Selbstbild und Gottesbild. Aber das gilt für alles. Bei Führungsseminaren frage ich zum Beispiel gerne, mit welchem Bild die Teilnehmerinnen und Teilnehmer morgens in die Arbeit gehen. Von diesem Bild hängt ab, wie ich mich tagsüber fühle. Für eine Lehrerin, die mit dem Bild einer Dompteuse in die Arbeit geht, ist die Arbeit ziemlich anstrengend. Ein anderes Bild ist, dass wir die Erwartungen anderer erfüllen und stets perfekt sein müssen. Oder dass ich nicht richtig bin und mir deshalb ständig überlegen muss, was die anderen von mir denken. Das sind alles Bilder. Und mit welchem Bild, mit welcher Vorstellung gehen wir in die Welt? Platon sagt, dass Bildung darin bestehe, dass wir uns das göttliche Bild einbilden und in der Natur wiedererkennen würden. Natur in sich einzubilden, tut also gut. Wir bilden uns heute oft künstliche Bilder ein: Viele Krankheiten entstehen durch negative Selbstbilder oder durch übertrieben größenwahnsinnige Bilder, die unserem Wesen nicht entsprechen, und es ist die Frage: Sind die Bilder, die wir uns ohne Gott einbilden, heilsamer? Entsprechen die wirklich unserem Wesen? Ich betone immer, dass jeder Mensch ein einmaliges Bild ist, das Gott sich von ihm gemacht hat. Die Frage ist: Wie komme ich an dieses Bild heran? Ich kann das Bild Gottes nicht so einfach erkennen. Der erste Schritt besteht darin, die anderen Bilder einmal wegzulassen: die

Bilder der Erwartungen von Eltern, der Erwartungen der Gesellschaft, die Bilder meines eigenen Ehrgeizes und so weiter. Erst dann kann ich mich fragen, wie dieses ursprüngliche und einmalige Bild, das sich Gott von mir gemacht hat, aussieht. Wenn ich stimmig bin, wenn ich im Einklang bin mit mir selbst, darf ich darauf vertrauen, dass ich mit dem Bild Gottes in mir in Berührung bin. Die Frage: Wer bin ich?, führt letztlich immer zu der Frage: Wer ist Gott? Ich kann die Frage: »Wer bin ich?«, letztlich nicht beantworten, ohne nach Gott zu fragen. C. G. Jung sagt, ich komme nicht zum Selbst, ohne das Gottesbild in mir zu verwirklichen. Letztlich kann ich sagen, auf dem Grund des Ichs ist etwas, das mich übersteigt, und das kann ich nicht greifen.

Tiefenpsychologie und biblische Texte

Bei C. G. Jung hat mich immer wieder fasziniert, wie er biblische Stellen ausgelegt hat, gerade auf dem Hintergrund archetypischer Bilder, die in der Seele des Menschen bereit liegen. Später habe ich dann die Bücher von Eugen Drewermann »Tiefenpsychologie und Exegese« (Walter 1985) und seine Auslegung des Markusevangeliums (Das Markusevangelium, Walter 1989) mit Begeisterung gelesen. Das hat mich fasziniert und mir Anregungen gegeben, auf neue Weise mit den biblischen Texten umzugehen. Irgendwann ist Drewermann zwar sehr dogmatisch geworden, aber trotzdem hat mich sein Ansatz überzeugt, und ich finde ihn nach wie vor anregend.

Für meine Bibelauslegung ist Drewermann deshalb hilfreich, weil er sagt, die Bibel berichte zwar von Geschehnissen, aber in Bildern. Wir haben keinen Film von dem, was die Bibel erzählt, und können auch keinen Film machen. Deswegen streite ich nicht darüber, was nun exakt so geschehen ist und was nicht. Ich möchte denen, die an einem realen Verständnis der Bibel festhalten, nicht widersprechen, also sage ich: »Ja, es ist geschehen«, aber die eigentliche Frage ist, was das Geschehene für uns heute bedeutet. Es war eine Erfahrung, die die Jünger gemacht haben. Sie sind dem Auferstandenen begegnet, aber wir kennen sie nur aus Geschichten. Also ist und bleibt es ein Geheimnis. Wir glauben und bekennen die Auferstehung Jesu. Wir lösen sie nicht auf, aber wir legen sie auch nicht auf einen Film fest, den man sich anschauen kann. Es ist eine Sache des Glaubens. Und nur wer glaubt, kann Auferstehung verstehen und daraus leben.

Die Wunder Jesu sind für mich heute kein größeres Problem mehr. Früher versuchte man in der Exegese, das Faktum und das Bild voneinander zu trennen. Beim Seewandel Jesu hat man zum Beispiel gesagt, dass der See an der Stelle so flach gewesen sei und da Steine gelegen sind, über die Jesus gehüpft sei. Das habe dann nur so ausgeschaut, als ob er über das Wasser ginge. Aber das ist natürlich Unsinn. Der Seewandel als solches ist geschehen. Was aber konkret geschehen ist, weiß ich nicht. Die Jünger haben eine Erfahrung gemacht, und so lasse ich dem, der die biblische Geschichte ganz wörtlich nimmt, das ruhig. Ich muss ihm seine Auffassung nicht nehmen, sondern sage: »Mich interessiert an der Geschichte nur, was sie *für uns* bedeutet – und dann muss ich einfach mit Bildern sprechen.« Manche meinen deshalb, ich löse da etwas auf. Aber eine bildhafte Sprache löst das Geschehen nicht auf, sondern öffnet es nur für uns heute.

Schon die Kirchenväter haben die Bibel bildhaft ausgelegt. Eine bildhafte Auslegung ist letztlich immer auch

Bei einem Vortrag 2000

der tiefenpsychologischen Auslegung verwandt. Mir ist einfach wichtig, in Bildern zu denken und dann weiter zu assoziieren, was mir so kommt. Dabei ist mir bewusst, dass es ein spiritueller Text ist, ein geistiger Text, dass es um die Begegnung mit Gott geht und mit Christus und nicht darum, die Bibel auf Psychologie zu reduzieren. Mein Anliegen ist die Verbindung von Psychologie und Spiritualität. Die Psychologie zeigt mir meine Wahrheit, und diese Wahrheit soll ich in der Spiritualität Gott hinhalten. Es gibt ja auch Menschen, die zum Beispiel zu Gott beten, wenn sie Angst haben, er soll ihnen doch die Angst nehmen. Doch dann jammern sie, sie hätten doch so viel gebetet, dass Gott ihnen die Angst nehmen solle, aber sie ist immer noch da. Die Angst bleibt trotz des Betens, weil sie die Angst nicht anschauen, sondern nur einfach loshaben wollen. Mein Weg, der therapeutische Weg, ist: Es darf alles sein, die Angst darf sein. Die soll ich nicht verdrängen, aber jetzt mit Gott besprechen, was denn die Ursache meiner Angst ist. Sind es übertriebene Erwartungen an mich, dass ich perfekt sein will, dass ich so und so sein will?

Die Angst hat ja einen Sinn. Alles, was mir Probleme bereitet, zeigt mir, dass ich vielleicht ein falsches Selbstbild habe. Manche wollen aber nicht an ihrem Selbstbild arbeiten, sondern wollen die Symptome loswerden und benützen Gott dazu, die Symptome loszuwerden. Aber eigentlich ist Heilung anders, auch in der Bibel geht Heilung nicht, indem Jesus als Zauberer die Krankheit wegnimmt. Die Heilung geschieht immer in der Begegnung. Und Begegnung heißt, ich muss die ganze Wahrheit einbringen. Und dafür ist die Psychologie für mich eine Hilfe. Sie deckt mir meine Wahrheit auf. Aber die Begegnung geschieht mit Christus, und das ist kein rein psychischer Vorgang, sondern eine spirituelle Begegnung und Erfahrung.

Urvertrauen

Urvertrauen wird in der Kindheit gelegt. Wobei das Vertrauen zwei verschiedene Aspekte hat: Das von der Mutter her, also das Urvertrauen, willkommen zu sein auf der Erde, getragen und geborgen zu sein, und das väterliche Vertrauen. Der Vater hat die Aufgabe, uns den Rücken zu stärken, damit wir in die Welt gehen, unser Leben in die Hand nehmen und etwas riskieren. Beide Pole gehören zusammen, der väterliche und der mütterliche. Es geht nicht um Wertung, sondern ebenso um zwei Aspekte von Gott her: Gott, der Geborgenheit schenkt, aber auch Gott, der uns in die Welt hinausschickt und uns ermutigt,

Vertrautes zurückzulassen. Heute ist das Bedürfnis nach Geborgenheit und Heimat bei vielen größer als das des Aufbruchs. Das ist legitim, aber es darf nicht allein sein, sonst wird die Religion zu einer Kuschelecke.

Was das Urvertrauen angeht, sind viele sicher von ihrer Kindheit her benachteiligt, aber es wäre falsch zu sagen, die werden nie ein echtes Gottvertrauen entwickeln. Gott sei Dank gibt es in jedem Menschen die Sehnsucht nach Vertrauen. Und in der Sehnsucht nach Vertrauen ist bereits das Vertrauen begründet. Auch hier hilft C. G. Jung, denn nach ihm gibt es nicht nur die konkrete Mutter- und Vatererfahrung, sondern auch das archetypische Bild der Mutter und des Vaters in mir: Was eine Mutter und ein Vater ist, das weiß meine Seele von sich aus. Die väterliche und mütterliche Qualität ist in mir. Außerdem gibt es andere mütterliche und väterliche Erfahrungen. Die Mutter Erde zum Beispiel. Ich frage diejenigen, die mir von ihrer schweren Kindheit erzählen, immer, ob es nicht trotzdem Situationen gab, in denen sie sich geborgen fühlten und vergessen konnten. Manche erzählen dann von ihren Großeltern, dass sie bei ihnen so etwas erfahren haben, und manche von der Natur. Für sie war es eine wichtige Erfahrung, im Wald zu sein oder lediglich auf einer Wiese zu liegen. Dort haben sie Geborgenheit erfahren. Es sind Erfahrungen von Gnade, wenn sich jemand zum Beispiel auf einmal in einer Kirche geborgen fühlt oder sich in der Natur irgendwie von Gott getragen fühlen kann. Es gibt auch Kinder, die nicht religiös aufgewachsen sind und dennoch auf einmal einen religiösen Sinn entwickeln und von allein in die Kirche gehen wollen. Insofern kann auch die Mangelerfahrung in eine Sehnsucht hineinführen. Man kann also nicht sagen: Nur wer eine gute Kindheit hatte, kann gut glauben. Das wäre eine Abschreibung von sehr vielen Menschen. Aber natürlich kann das Vertrauen auf Gott immer wieder einen Knacks bekommen, wenn die menschliche Vertrauenserfahrung fehlt.

Bei einem Kurs hat mir ein Mann erzählt, dass er erst mit 30 Jahren seinen Weg zum Glauben gefunden hat, weil sein Vater sehr antikirchlich und antireligiös eingestellt war. Der Vater hat auf alles, was mit Kirche und Glauben zu tun hatte, sehr aggressiv reagiert. Der junge Mann spürt nun beide Pole in sich: Auf der einen Seite fasziniert ihn alles Religiöse sehr, aber auf der anderen Seite überkommen ihn auch immer große Zweifel. Es sind die Zweifel des Vaters, und er fühlt sich hin- und hergerissen. Ich habe ihm gesagt, er müsse nichts beweisen. Die Zweifel werden ihn sicher stets begleiten, aber er kann sagen: »Ja gut, der Zweifel ist da, aber ich werde jetzt nicht auf den Vater hören und mich ihm gegenüber rechtfertigen. Das ewige Ich-habe-recht-und-du-hast-nicht-recht bringt nichts. Ich habe ihm geraten, sich mit seinen Zweifeln in die Kirche zu setzen (oder in die Natur oder wo auch immer), sich tragen zu lassen und zu sagen: »Ja, da sind die Zweifel, und wenn ich diese Erfahrung jetzt mache, wird der Zweifel nicht überwunden. Aber ich bin mit meinem Zweifel trotzdem getragen und spüre, im Tiefsten weiß ich: Ja, es stimmt. Aber morgen wird der Zweifel wiederkommen und ebenso in Zukunft. Ich brauche aber keine Angst vor ihm zu haben, denn er hält mich auch lebendig. Ich bin dankbar für den Glauben, aber ich weiß, der Zweifel hält mich lebendig. Es ist keine Garantie, dass ich immer im Glauben bin.«

Das Gebet

Die Not mit dem Beten

Das Gebet ist für mich ein sehr wichtiges Thema, weil ich in vielen Gesprächen immer wieder die Not höre, dass die Leute nicht beten können. Karl Rahner hat ein schönes Buch unter dem Titel »Von der Not und dem Segen des Gebetes« (Herder 1992, ursprünglich Rauch 1949) geschrieben.

Im Orden kennen wir verschiedene Formen des Betens:

Das gemeinsame Gebet, vor allem das Chorgebet, in dem wir die 150 Psalmen wöchentlich beten. Das Psalmengebet ist für mich ein Gebet, das mich stets neu herausfordert. Da bin ich nie am Ende. Viele fragen, wie man diese alten Texte der Psalmen beten könne. Aber es sind für mich auch Gedichte, die einfach die innere Sehnsucht zum Ausdruck bringen und die mich für andere Menschen öffnen, weil dort von Grundnöten der Menschen die Rede ist. Ich kann die Psalmen nicht beten, ohne mich verbunden zu fühlen mit anderen Menschen.

Dann gibt es für mich das persönliche Beten, bei dem ich vor Gott sitze und mich und meine Wahrheit ungeschützt Gott hinhalte. Gebet als Begegnung mit Gott, die mich verwandelt, und Gebet, das mich in die Stille führt, in diesen inneren Raum, in dem Gott in mir wohnt.

Im Jahre 1969 habe ich mit Zen-Meditation angefangen und das sechs bis sieben Jahre lang geübt. Dann habe ich das Jesusgebet von der Ostkirche und von den Wüstenvätern übernommen. Heute sitze ich noch genauso da wie im Zen, aber ich verbinde den Atem mit dem Jesusgebet. Nach dem Chorgebet haben wir 25 Minuten Zeit dafür. So meditiere ich täglich mit dem Jesusgebet. Dafür habe ich in meinem Zimmer eine Gebetsecke mit einer Christusikone. Ich zünde die Kerzen davor an und setze mich auf den Schemel, so wie im Zen, aber mit der Methode des Jesusgebets, die ich mit dem Atem verbinde, beim Einatmen: »Herr Jesus Christus«, und beim Ausatmen: »Sohn Gottes, erbarme dich meiner!«

Zwischen Gebet und Meditation gibt es für mich eine gewisse Spannung. Beides hängt zusammen und ist trotzdem etwas Verschiedenes: Meditation ist mehr eine Methode – ich sitze da, achte auf den Atem und verbinde mit dem Atem das Jesusgebet. Das ist für mich ein guter Weg, mich zu sammeln, mich in den Raum der Stille führen zu lassen und immer mehr vom Geist Jesu durchdrungen zu werden. Aber neben dieser klaren Form der Meditation braucht es auch das Gebet, in dem ich keine Methode übe, sondern ungeschützt vor Gott bin. Bei dem alles hochkommen kann. Bei der Meditation versucht man, seine Gedanken nicht zu beachten, sondern nur in den Grund der Seele zu gehen, in den Raum der Stille. Das ist ein wichtiger und guter Weg, aber es braucht auch das andere, das Personale, bei dem ich das, was mich bewegt, ausdrücken kann; entweder mit Worten oder einfach auch nur, indem ich es hochkommen lasse vor Gott.

Ich erlebe bei manchen Menschen, die nur Meditation als sinnvoll erachten, dass sie manchmal etwas unterdrücken und meinen, sie könnten nur durch Meditation alles lösen. Aber es ist auch wichtig, die Gedanken, die man hat, die Ängste und Sorgen anzuschauen, mit Gott darüber zu reden und diese ihm hinzuhalten. So eine Begegnung ist für mich ein wichtiger Aspekt des Gebets, wobei das nicht ausschließlich mit Worten geschehen muss. Bei Kursen lasse ich manchmal die Übung machen – und ich

Nach einem Vortrag 1989 in Bochum

mache sie auch selbst –, dass jeder eine halbe Stunde in sein Zimmer gehen und laut mit Gott reden soll. Das ist gar nicht so einfach, laut mit Gott zu reden. Die anderen hören mich nicht, aber ich höre meine Stimme und bemerke, wie formelhaft alles ist, was ich rede. Da stellt man sich dann die Frage: Ich rede da zu Gott über mich, aber was ich mit Gott meine und wie ich über mich rede – stimmt das überhaupt? Sind das nur leere Formeln und Klischees oder sage ich, was mich wirklich bewegt? Indem ich meine eigene Sprache höre, werde ich gezwungen, ehrlich zu sein. Ich kann da keine Formeln machen und keine frommen Worte, sondern muss meine Wahrheit ausdrücken – und das ist eine echte Herausforderung.

Das Gegenüber Gottes kann ich nicht so leicht erfahren wie das Gegenüber eines Menschen. Ein Gespräch mit einem Menschen ist anders, und wir dürfen dieses Gegenüber Gottes nicht so naiv sehen. Es gibt Menschen, die über ihr Gebet so sprechen, als ob sie Gott in die Tasche stecken könnten. Die wissen ganz genau Bescheid, wer Gott ist, was er denkt und was er ihnen sagt. Das ist sicher ein Extrem. Aber wo bin ich gegenüber diesem unbegreiflichen Gott, der die ganze Welt umfasst? Rede ich da gegen eine leere Wand oder ist da doch ein »Du«, das mich anschaut? Ich stelle mir Gott nicht konkret vor, als einen alten Mann oder sonst wie. Aber dennoch ist er für mich ein »Du«. Er ist Liebe mit einem inneren Kern von Person, ein Du, von dem ich denke, es gibt noch eine andere Dimension.

Wir Menschen brauchen das Gespräch, den Austausch mit einem Gegenüber, wie die Nahrung zum Leben. Aber auch zwischen den Menschen ist die Kultur des Gesprächs in vielen Bereichen verlorengegangen. Wenn ich mir eine Talkshow im Fernsehen anschaue, reden dort zwar mehrere Menschen über ein Thema, aber es findet keine echte Begegnung statt. Jeder spult nur noch sein Programm ab. So benötigen wir nicht nur eine neue Kultur des Gebets, sondern auch des zwischenmenschlichen Gesprächs.

Ich kenne die Not vieler Menschen mit dem Beten, und deswegen kann ich auch nicht einfach sagen: »Du musst dir lediglich ein ›Du‹ vorstellen, dann kannst du ganz normal mit ihm reden wie mit einem Menschen.« Das gelingt vielleicht manchen. Aber oft entschwindet uns Gott im Gebet, sodass wir meinen, gegen eine leere Wand zu sprechen. In dieser Situation kann ich mir jedoch die Worte der Bibel vorsagen: »Wenn du durchs Feuer gehst, wirst du nicht versengt, keine Flamme wird dich verbrennen« (Jesaja 43,2). In diesen Worten spüre ich, dass aus der leeren Wand heraus ein Du zu mir spricht. Da fühle ich mich angesprochen, persönlich gemeint. In den Worten ahne ich etwas von der Personalität Gottes. Und indem ich mich in so ein Wort hineinmeditiere, das dieser geheimnisvolle Gott spricht, begegnet er mir.

In einem Wort ist immer auch die Person, die spricht. *Personare* heißt: durchtönen. Die Worte, die ich meditiere, tönen aus dem Herzen Gottes zu mir hin. So ist mit den Worten stets schon die Vorstellung von einem Du verbunden. Aber dieses »Du« entschwindet immer wieder unserem Zugriff. Ich kenne einige Menschen, die zu euphorisch und zu naiv sagen: »Ich habe das schnell mit Gott besprochen.« Sie wissen dann auch ganz genau, was Gott ihnen geantwortet hat. Man hat den Eindruck, sie brauchen bei Gott nur anzurufen wie bei einem Menschen. Doch das entspricht weder meiner Erfahrung noch den Nöten, die viele Menschen mit dem Beten haben. So möchte ich mir selbst gegenüber ehrlich bleiben und den Menschen, die darum ringen, wie sie beten können, in ihrer Not beistehen und ihnen helfen, ihr Leben im Gebet vor Gott zu bringen.

Ist es nur Einbildung, wenn ich vor Gott bete? Bilde ich mir Gott ein, damit ich meine Nerven beruhigen kann und es mir besser geht? Wenn ich diese »Einbildung« zu Ende denke, diese Alternative, alles sei nur Einbildung und auch Gott sei nur eine Hypothese, was ist die Folge? Es führt nicht weiter. Alles, was wir über die Wirklichkeit denken, ist ebenso nur Einbildung. Und in der modernen Physik erlebt man, dass die Unterscheidung zwischen Materie, Energie und Licht auch nur ein Denkmodell ist und wir gar nichts »Objektives« mehr über die Wirklichkeit erfahren können. Wenn ich das alles zu Ende denke, kommt in mir das Gefühl hoch: Es ist eigentlich absurd, dass wir nichts mehr erkennen können und wir unserem Denken nicht mehr trauen dürfen. Aber bevor ich sage: »Ja, alles ist absurd, und wir stochern hier nur im Dunkeln herum«, kommt in mir so ein tiefes Gefühl auf – und zwar nicht oben im Kopf, sondern eher unten im Bauch: Nein, ich traue dem Glauben und dem Gebet, ich traue der Bibel, dem heiligen Augustinus, der heiligen Teresa von Avila, dem heiligen Anselm und all deren Erfahrungen. Ich setze auf diese Karte. Das ist auch eine Entscheidung. Das Beten wird also immer angefochten sein, und ebenso wie der Glaube vom Zweifel angefochten ist, wird auch das Gebet von dem Zweifel infrage gestellt und als Einbildung abgetan. Aber alles ist »nur« Einbildung. Daher die Frage: Welche Bilder haben wir in uns und woher stammen diese Bilder? Wenn ich das Bild Gottes weglasse, sind dann die Bilder heilsamer und entsprechen sie eher meiner Wirklichkeit?

Morphogenese (Biol): Ausgestaltung + Entwicklung von Organen od. Geweben eines pflanzlichen od. tierischen Organismus

Die Wirkung des Gebets

Die Mönche der ersten Jahrhunderte sagen: Wir sind in die Wüste gegangen, weil die Wüste der Ort der Dämonen ist, an dem die größte Finsternis herrscht. Dort haben wir die Finsternis bekämpft, und die ist da ein Stück heller geworden. Es ist für die ganze Welt heller geworden. Heute spricht man von Energiefeldern oder morphogenetischen Feldern, und so kann man das durchaus erklären. Viele meinen heute, das Fürbittgebet sei vergeblich, denn Gott lasse sich nicht bewegen und mache, was er will.

In der esoterischen Richtung versucht man heute die Wirkung des Gebets so zu begründen: Das Gebet schafft Schwingungen, und die Schwingungen verwandeln die Welt. Man kann es aber auch psychologisch sagen: »Wenn ich für jemanden bete, habe ich mehr Hoffnung für ihn und kann ihm anders begegnen.« Insofern wird die Begegnung anders. Das ist auch eine Deutung von *ora et labora*, bete und arbeite. Das Gebet verwandelt die Arbeit und die Begegnungen mit den Menschen. Das Beten treibt mich zur Arbeit, macht mich aber gelassen, weil die Arbeit unter dem Segen Gottes steht. Ich denke, diese psychologischen oder naturwissenschaftlichen Hilfen weisen darauf hin, dass das Gebet nicht lediglich Einbildung ist. Natürlich darf ich das Gebet nicht auf seine psychologischen Wirkungen reduzieren. Da ist wieder die Spannung zwischen der Absichtslosigkeit des Gebets und dem Bedürfnis, die Wirkung des Gebets zu verstehen. Diese Spannung gibt es auch bei C. G. Jung: Ich darf nicht sagen, dass es beim spirituellen Weg nur um die Selbstwerdung gehe, sondern indem ich mich auf Gott einlasse, hat es immer auch etwas mit mir zu tun. Alles, was wir tun, hat mit unserer Psyche zu tun. Auch unser spiritueller Weg hat mit unserer Psyche zu tun und wir können nichts herausnehmen. Jeder religiöser Weg ist eine Begegnung mit Gott, und das heißt, er verwandelt stets auch mich selbst.

Die Kirche

Die Aufgabe

Der jüdische Philosoph und Begründer der Frankfurter Schule, Max Horkheimer, hat das schöne Wort gesagt, dass die Kirchen und die Religionen mit ihren Ritualen und Dogmen die Aufgabe hätten, die Sehnsucht nach dem ganz Anderen wach zu halten in der Gesellschaft, damit der Mensch nicht vereinnahmt wird von Politik und von Wirtschaft. Die Kirche habe die Aufgabe, das Heilige in der Welt und im Menschen zu hüten, weil da noch etwas ist, das nicht vereinnahmt werden darf. Damit erwiesen sie der Gesellschaft einen wichtigen Dienst. Denn ohne die Sehnsucht nach dem ganz Anderen würde die Gesellschaft leicht autoritär, denn sie möchte über den Menschen verfügen.

Mir tut es immer weh, wenn Kirchen zu sehr moralisieren und sagen, dass die Welt gottlos sei und wir nur glauben müssten. Das bringt den Leuten nichts. Wie kann ich ihnen in dieser säkularisierten Welt zeigen, dass die Religion ein Weg der Befreiung ist? Die Religion bewahrt mich davor, dass der Staat und die Wirtschaft mich vereinnahmen und bestimmen. Sie zeigt mir, dass meine Würde unantastbar ist, dass in mir etwas ist, auf das diese

Welt keinen Zugriff hat. Dazu muss die Frage nach Gott offen gehalten werden. Das öffnet auch die Gesellschaft für eine andere Dimension. Wenn es keinen Gott mehr gibt, fällt die Gesellschaft wirklich auseinander oder die Mächtigen werden versuchen, alles an sich zu reißen.

Sorge um die Kirche, aber noch mehr um die Menschen

Ich war vor Kurzem in Berlin-Pankow. Vorher hatte mich der Pfarrer gewarnt, in Berlin sei es sehr schwierig, überhaupt Leute für Vorträge zu gewinnen, denn es sei wirklich eine säkularisierte Stadt. Er war überglücklich, als die Kirche gesteckt voll war, selbst die Empore. Wenn ich in den Osten Deutschlands komme, erschrecke ich schon darüber, dass da 80 Prozent nicht getauft sind und das Christliche überhaupt keine prägende Kraft mehr ist. Gott sei Dank gibt es noch die Kirchengebäude, und ich denke, die Kirchen bleiben mitten in den Städten stumme Zeugen einer anderen Welt. Wenn wir aber die Chance nutzen, diese Kirchen wieder zu Orten der religiösen Erfahrung zu machen, könnte der Glaube eine wichtige Funktion in unserer säkularisierten Gesellschaft wahrnehmen.

Wir können uns nicht mehr auf die Menge verlassen, und die Volkskirche ist sicherlich in die Krise geraten. Umso wichtiger ist es, dass die Kirchengemeinden lebendig sind und fantasiereich Zeugnis ablegen. Auch im Osten Deutschlands gibt es da hoffnungsfrohe Ansätze: In Erfurt sind zum Beispiel Weihnachtsgottesdienste für Nichtchristen und ähnliche niederschwellige Angebote sehr erfolgreich. Offensichtlich haben die Menschen dort auch eine spirituelle Sehnsucht, und es stellt sich die Frage, wie ich diese Sehnsucht ansprechen kann, ohne das

Christentum zu nivellieren, aber auch ohne gleich die Hürde zu hoch zu machen.

Nach meinem Vortrag in Berlin-Pankow entstand eine große Stille. Das war sehr erstaunlich. Es war eine wunderbare Stille. Auch die Fragen waren alle sehr persönlich. Auch in anderen Orten Ostdeutschlands habe ich eine große Ehrlichkeit in Fragen wahrgenommen, wie dem Umgang mit mir selbst und wie ich trotz Ärger und Eifersucht in den Raum der Stille komme.

Vor einiger Zeit war ich in Suhl. Das war früher eine rote Stadt. Der katholische Pfarrer hatte meinen Vortrag aus der Kirche in den Kongresssaal verlegt, in dem auch die Philharmoniker spielen. Dieser Saal war mit über 600 Leuten ausverkauft und es konnten nicht alle Interessierten Eintritt finden. Bei den Fragen merkte man, dass viele nicht glauben. Dass sie trotzdem hören wollen, was ich zu sagen habe, liegt wohl daran, dass ich zwar von meinem Glauben her auszudrücken versuche, worum es mir geht und was meinem Leben Sinn gibt, aber ich versuche, es stets in einer offenen Sprache zu tun, sodass es die Leute mit ihren eigenen Erfahrungen verbinden können.

Auch in Meißen war ich bereits dreimal. Dort organisiert ein junges Ehepaar meine Vorträge. Diese finden in keiner Kirche statt, sondern im öffentlichen Theater, und es ist immer ausverkauft.

Besonders im Osten gibt es bei den Zuhörern zwei Gruppen: auf der einen Seite die Offenen, aber es gibt immer auch die eher ängstlichen Christen, die den Glauben zu eng deuten. Einer hat mir vorgeworfen, ich würde die Auferstehung Jesu zu psychologisch auslegen. Wir sollten einfach daran glauben, dass Jesus Christus auferstanden sei, und wer das glaube, der habe das ewige Leben. Ich sagte: »Ja, das stimmt. Jesus ist tatsächlich auferstan-

In unserer Kirche im Haus Benedikt

den. Aber die Frage lautet: Was bedeutet das für uns und wie kann ich das erklären?« In solchen Situationen merke ich immer wieder, wie viele Menschen so ganz eng glauben. Natürlich ist es für ihre Identität wichtig, im Umfeld eines solchen Vortrags ihren Glauben noch klarer zu formulieren. Aber für mich ist sowohl die Klarheit als auch die Offenheit wichtig. Wenn ich nur sage: »Wenn du nicht glaubst, kannst du sowieso heimgehen!«, dann werde ich vor allem spalten. Ein paar werden sich in ihrem Glauben bestätigt fühlen, aber die anderen sagen: »Der Glauben ist eine fremde Welt für mich.« Aber für mich persönlich besteht die Kunst darin, die christlichen Geheimnisse so zu beschreiben, dass die Menschen merken: Das entspricht meiner tiefsten Sehnsucht. Die werden sicher nicht gleich Christen werden, aber viele haben mir durchaus geschrieben, dass mein Vortrag ein Anlass war, sich wieder auf den Weg des Glaubens zu begeben.

Bei meinen Vorträgen in Firmen oder wenn ich in Zeitschriften etwas für Leserinnen schreibe, die nicht so fromm sind, mache ich ähnliche Erfahrungen: In *Alles für die Frau* schreibe ich jede Woche eine kleine Kolumne und bekomme zum einen Briefe von Leuten, die fragen: Wo ist denn da das Evangelium? Diese Menschen erwarten, dass ich auch in so einer weltlichen Zeitschrift ständig von Jesus Christus Zeugnis ablege. Und ich bekomme Briefe von anderen, die einfach dankbar sind, dass sie das Geschriebene berührt. Diese Leserinnen sind keine typischen Christen, sondern 600 000 Frauen, die sich die Zeitschrift nur zur Unterhaltung kaufen und sich dann aber doch Gedanken machen. Und dies ist für mich wichtig: Wie findet die Kirche eine Sprache, in der sie nicht nur über die Gottlosigkeit der Welt jammert, sondern die Menschen berührt und sie so auf freundliche Weise für Gott öffnet und wieder auf den Weg des Glaubens bringt? Ich habe das kürzlich mit unserem Abt besprochen. Im katholischen Bereich feiern wir nur Eucharistiefeiern. Die sind für mich wichtig und das Zentrum unseres liturgischen Handelns, aber wir brauchen auch andere Formen von Gottesdiensten. Wir könnten zum Beispiel am Abend Jahreszeitengottesdienste halten ohne Eucharistie, mehr mit Ritualen, Gebärden und guter Musik. Am fünften Fastensonntag habe ich in diesem Jahr eine Bußandacht gehalten, deren Konzept wir im Vorfeld in einem kleinen Zeitungsartikel erläutert haben. Es ging in der Andacht nicht nur um eine Predigt, sondern vor allem um die Erfahrung von Vergebung und um Rituale. Daraufhin sind elfhundert Menschen gekommen und die Kirche war gesteckt voll. Das ganze Chorgestühl war schon belegt, als wir Mönche einzogen. Es ist also offensichtlich ein spirituelles Bedürfnis da. Das möchte ich wecken, und deswegen möchte ich nicht nur passiv reagieren und jammern, sondern die Situation so sehen, wie sie ist, und darauf mit Fantasie und Hoffnung reagieren. Manchmal ist die Situation erschreckend, aber was für eine Herausforderung ist sie auch für uns!

Evangelische Christen

Ich bin dankbar, dass ich oft in der evangelischen Kirche eingeladen werde. Ich erlebe die evangelischen Christen meistens als sehr offen. Und ich spüre ihre intensive Suche nach einer guten Spiritualität. Ich habe das Gefühl, die verstehen mich und die denken genauso wie ich. Ich komme natürlich aus einem katholischen Bereich und möchte das auch nicht verleugnen. Aber meine Theologie ist überkonfessionell; ich könnte ebenso sagen: Sie greift auf die christliche Spiritualität zurück, wie sie in den ersten Jahrhunderten gelebt wurde, also lange vor der Kirchenspaltung. Ich versuche, in meiner Theologie niemanden auszuschließen. Ich muss auch nicht beweisen, dass wir Katholiken recht haben und die anderen nicht. Es geht darum, die verschiedenen Erfahrungen nebeneinander stehen zu lassen und gemeinsam nach der Wahrheit zu suchen, die stets größer ist als wir selbst.

Ich erlebe bei den evangelischen Christen zum einen eine große Offenheit und die Bereitschaft, neu zu denken. Doch auf der anderen Seite erlebe ich immer wieder Skepsis, wenn ich vom inneren Raum spreche. Wenn ich sage, dass dort, wo Christus in uns ist, der innerste Kern lauter ist und rein und nicht von Schuld infiziert, da höre ich oft die Kritik: »Aber der Mensch ist doch ganz und gar verdorben, und zwar von Jugend auf!« Und oft berufen sie sich auf Paulus. Dann versuche ich zu vermitteln, dass Paulus ebenso vom Geist spricht, der im Menschen wohnt, und wo der Geist ist, ist nicht der Ungeist. Also, bei diesem Thema begegne ich manchmal einer sehr pessimistischen Sicht vom Menschen, die der Schöpfungsgeschichte nicht entspricht, und auch nicht der Erfahrung des heiligen Paulus. Manche meinen deshalb, dass ich das Böse zu wenig betone. Aber ich habe schon in den Achtzigerjahren ein Buch zum Thema »Der Umgang mit dem Bösen. Der Dämonenkampf im alten Mönchtum« (Vier-Türme-Verlag 1980) geschrieben. Unter evangelikalen Christen gibt es auch viele Menschen, die meine Bücher lesen und mit meinen Gedanken einverstanden sind, weil sie spüren, dass sie aus der alten christlichen Tradition stammen. Aber manche greifen mich auch scharf an. Sie fixieren sich auf meine Bücher über die Erlösung und denken selbst oft sehr undifferenziert über das Geheimnis der Erlösung. Und sie lehnen meinen Dialog mit der Psychologie mit dem Hinweis ab, dass ich die Theologie auf Psychologie reduzieren würde oder sogar esoterisch sei. Auf dem Deutschen Evangelischen Kirchentag in Hannover ist es das erste Mal passiert, dass ich da bei einer Bibelarbeit Plakate gegen mich gesehen habe. Es stand darauf, man solle dem frommen Zauberer, dem grünen Zauberer das Wort entziehen, sonst würde er noch die Augen verkleben. Da habe ich mir schon überlegt, was da für eine Angst dahintersteckt. Aber sonst habe ich keine Probleme mit Protestanten. Ich war kürzlich erst in Berlin-Pankow in der evangelischen Hoffnungskirche und im Gespräch mit den evangelischen Pfarrern dort. Da spüre ich ein Einverständnis und eine gleiche Wellenlänge. Dafür bin ich sehr dankbar.

Fundamentalismus

Der Fundamentalismus kommt heute weder in der katholischen noch in der evangelischen Kirche von oben, sondern mehr von unten, und das hängt für mich stets mit Angst zusammen. Angst und Enge, Ängstlichkeit und Unsicherheit werden oft kompensiert durch ein Machtstreben. Da missbraucht man seine Frömmigkeit, um Gott für sich zu benutzen. Letztlich will man eine Bestätigung von Gott. Man will Gott nicht begegnen und sich von ihm in Frage stellen lassen, sondern man benutzt Gott zur Selbstrechtfertigung, dass ich mich nicht ändern muss, da ich doch richtig bin. Das ist auch eine Form von Selbstgerechtigkeit, dass ich richtig bin und die anderen nicht. Ich beobachte bei fundamentalistischen Menschen, dass da immer eine innere Not ist, weil sie oft keine Mitte haben, und letztlich Angst vor sich selbst und vor ihrem inneren Chaos haben.

Ich habe einmal einen Mann begleitet, der sehr fundamentalistisch eingestellt war. In der Begleitung wurde deutlich, dass er als Kind Angst hatte zu versumpfen. Sein Vater war ständig woanders und die Mutter hatte keine Kraft, ihm Halt zu geben. Die Angst zu versumpfen hat er dadurch überwunden, dass er total eng geworden ist, um nicht im Sumpf zu versinken. Ich darf so einem Menschen dieses enge Korsett gar nicht nehmen, denn dann würde er wirklich auseinanderfallen und versumpfen. Ich kann nur versuchen, ihn etwas zu stärken, damit er langsam herauswächst aus seinem Korsett. Meine Erfahrung ist, dass die Menschen, die keine Mitte haben, sehr oft schwanken zwischen Rigorismus und Laxismus. Deswegen sind die Fundamentalisten oft sehr rigoros und haben andererseits aber auch eine völlig laxe Seite, zum Beispiel Alkoholprobleme.

Oder sie sind einige Jahre sehr rigoros, aber anschließend lassen sie alles sausen und fallen ins Gegenteil. Die Aufgabe wäre, sie in die Mitte zu bringen, damit sie mit sich selbst in Berührung kommen. Wenn man mit sich in Berührung kommt, braucht man weder den Fundamentalismus noch das andere Extrem des unbegrenzten Liberalismus.

Kritik an der Kirche

Bei den Aussprachen nach den Vorträgen gibt es ab und zu kritische Fragen zur Kirche und ihrer Geschichte. Manchmal lenken diese Fragen von den eigentlichen persönlichen Themen ab. Daher versuche ich, diese Fragen stets zu relativieren. Hinter ihnen steckt oft die Sehnsucht nach einer reinen Kirche. Die Fehler der Kirche werden zum Alibi, sich den persönlichen Fragen nicht mehr stellen zu müssen.

Die Vorwürfe an die Geschichte der Kirche kann ich nicht entkräften. Die Vergangenheit ist einfach da, und die Kirche hat sehr viel Unrecht getan. Es stellt sich aber die Frage, wie wir jetzt miteinander umgehen und woher es kommt, dass es zu allen Zeiten bis heute und in allen Religionen eine Vermischung von Macht und Spiritualität gegeben hat. Die Kirche hat diese Phase oft genug durchgemacht, und auch heute ist sie keine heilige, sondern eine gemischte Kirche. Ich versuche das zu akzeptieren und will nicht in so ein Schimpfen auf die Kirche verfallen, denn das bringt nichts und ist oft nur ein Alibi.

Wie wollen wir heute Glauben leben? Ich bin mir bewusst, dass ich nicht vollkommen bin, und die Bischöfe sind es auch nicht. Aber ich rede nicht gerne über andere Menschen und urteile nicht gerne über sie. Ich kann nur über Tendenzen reden. Es hat immer Tendenzen, Bestrebungen und Formen von Spiritualität in der Kirche gegeben, die heilsam sind, und Tendenzen, die krank machen. Aber ich urteile nie über einzelne Menschen, weil ich sie zu wenig kenne. Ich halte das nicht nur bei kirchlichen Würdenträgern so, sondern auch bei anderen Menschen. Ich werde oft gefragt, was ich von Menschen wie Josef Ackermann und Klaus Zumwinkel halte. Ich sage dann: »Ich kenne die Menschen nicht wirklich, und deswegen sage ich nichts über sie.«

Volkskirche

Wir sollten heute weniger darauf schauen, dass die Kirchen größer werden und wieder mehr Menschen in die Kirche gehen, sondern dass die Kirche präsent ist und ihre Stimme in der Welt für alle erhebt, damit nicht die Rattenfänger die Sehnsucht der Menschen auf eine manipulierende Weise ansprechen. Das ist eine Frage von gesunder Theologie und gesunder Spiritualität, und ich denke, beide Kirchen haben im Kern eine gesunde Spiritualität. Die Verantwortung für die Welt wahrzunehmen, ist für mich die wichtigste Aufgabe der Kirchen.

Im katholischen Bereich gibt es neue religiöse Gemeinschaften, die neuen Schwung haben. Es geht heute nicht darum, schwarzweiß zu malen, sondern zu schauen, wo die berechtigten Bedürfnisse der Menschen sind und wo die Gefahren lauern. Die Gefahr lauert besonders da, wo man alles genau weiß und sich deshalb über andere erhebt. Man wird dann auf der einen Seite sehr eng und reagiert nervös, wenn jemand den Rahmen übertritt. So glauben manche Menschen zum Beispiel, dass Homöopathie vom Teufel sei. Alles Mögliche ist auf einmal dämonisch, aber diese Fixierung, dass man überall Dämonen wittert, ist eine Form von Angst.

Die Volkskirchen sind stets in der Gefahr, ein bisschen zu verwässern, während Freikirchen oder neue Gemeinschaften viel klarere Konturen haben. Das zieht vor allem junge Menschen an und ist sicher auch manchmal wichtig. Aber mich beschäftigt, wie wir innerhalb der Kirche die Konturen und die Klarheit mit Offenheit und Freiheit verbinden können.

Als die Kirche verstaatlicht wurde, sind die frühen Mönche ausgewandert, um den radikalen Glauben zu leben. Und sicher ging es auch bei Benedikt in der Völkerwanderungszeit darum, den Glauben zu leben, ebenso später bei Franziskus und Dominikus. Das war damals eine wichtige Sehnsucht, die da aufgegriffen wurde. Wenn man in einer Ordensgemeinschaft lebt, kann man jedoch keine Ideologie leben. Das erleben wir zumindest bei uns. Man kann eine progressive Ideologie haben und eine konservative. Aber immer, wenn man sich hinter der Ideologie verschanzt, ist man beziehungsunfähig. Deshalb können sich in einer Gemeinschaft keine Ideologen halten, weil man sich da mit seinen Fehlern und Schwächen zeigen muss. Es gibt sicher sehr konservative Gemeinschaften, die so einen ideologischen Touch haben, aber meistens zerstreiten die sich nach kurzer Zeit, wenn sie keinen gemeinsamen Feind mehr haben. Um Gemeinschaft praktizieren zu können, haben alle Orden eine Klarheit entwickelt. Aber sie haben keine Radikalität im Sinne von stur und ideologisch, sondern eine Radikalität des Glaubens und des Miteinanderlebens. Insofern haben die Orden heute eine wichtige Aufgabe, weil auch die Kirche das Thema der Beziehungsunfähigkeit in den Familien, in den Ehen und ebenso in den Gemeinden erlebt. Da gibt es genügend Kämpfe. Zu zeigen, wie wir versöhnt miteinander leben können, das ist die Herausforderung für die Orden.

Katholische Dogmatik

Einem Konflikt mit der Kirche bin ich nie begegnet. Die Bischöfe schätzen mich, und ich werde öfter von ihnen eingeladen; dieser Tage erst wieder von der italienischen Bischofskonferenz. Da ich in Dogmatik promoviert habe, weiß ich, was katholische Dogmatik ist, was man sagen kann und was nicht. Das heißt nicht, dass ich mich anpasse, sondern Dogmatik ist für mich die Kunst, den Menschen für das Geheimnis des Glaubens zu öffnen. Also, immer wenn ich sage: »Jesus ist nichts als ein Mensch, vielleicht ein höchstbegabter Mensch«, nivelliere ich ihn. Dogmatik ist für mich die Kunst, das Geheimnis offen zu halten in einer paradoxen Sprache. Aber es heißt auch, dass nichts festgelegt ist, sondern beim Denken stets die Frage bleibt, wie man eine bestimmte Aussage der Bibel oder der Tradition verstehen kann. Ein Dogma ist kein Schlusspunkt, sondern als Herausforderung zu verstehen, das Unbegreifliche in immer neuen Worten begreiflich zu machen. Das versuche ich in meiner Sprache. Ich versuche, die Dogmen zu verstehen, aber nicht neue Dogmen aufzustellen. Ich lehne kein Dogma ab. Ich lehne auch nichts aus der Heiligen Schrift und nichts aus der Tradition ab. Aber ich frage: »Wie kann man das denn verstehen und was ist der Sinn?« Natürlich gibt es manche Dinge, manche Traditionen, die heute weniger sinnvoll sind und die ich relativiere, aber ich spreche nie gegen etwas und versuche stets, einen Sachverhalt positiv darzustellen. Vor allem stellt sich für mich die Frage: Welche Erfahrung steckt hinter einer bestimmten Aussage der Bibel? Welche Erfahrung drückt ein bestimmtes Dogma aus? Zu welcher Erfahrung hat diese oder jene asketische oder liturgische Praxis geführt? Und wie kann ich heute an diese Erfahrung herankommen? Muss ich die Rituale, die liturgischen Formen, die biblischen Aussagen eventuell neu auslegen, damit ich sie verstehe und damit sie heilsam sind für mich und für die anderen?

Natürlich gibt es auch die andere Position, die z. B. mein Mitbruder Willigis Jäger vertritt. Er gehört ja nach wie vor zu unserer Gemeinschaft, ist aber exklaustriert, das heißt, er ist beurlaubt und verzichtet auf seine priesterlichen Funktionen. Kürzlich am Benediktustag hat er aber wieder ebenso mit uns gefeiert wie auch sein 60-jähriges Professjubiläum im letzten Jahr. Willigis vertritt den Standpunkt, dass man in bestimmten Glaubensfragen der kirchlichen Lehre nicht mehr folgen kann. Das macht die Beziehung zu ihm etwas kompliziert. Wir haben seine Arbeit stets sehr geschätzt und schätzen sie weiterhin. Doch seine theologische Fortentwicklung hat sich von der christlichen Tradition entfernt. Darüber haben wir viel mit ihm diskutiert. Mit seinem Versuch, eine neue, transkonfessionelle Theologie entwerfen, hat er sich etwas übernommen. Man kann nicht alles vermischen, sondern muss einen Dialog führen und offen sein. Willigis war da sicher auch in vielem undiplomatisch und erhielt schließlich von der Glaubenkongregation in Rom unter ihrem damaligen Präfekten Josef Ratzinger, dem heutigen Papst, Redeverbot. Allerdings darf man auch hier die Schuld nicht nur bei einer Seite suchen. Unser Abt Fidelis hatte sich sehr bemüht zu vermitteln und sprach mit Ratzinger in Rom. Dieser hatte durchaus Verständnis gezeigt und meinte, Wiligis solle ein Interview geben und seine Position zurechtrücken. Er müsse nichts widerrufen, sondern nur eine Kontinuität zur katholischen Lehre aufzeigen.

Dogmatik ist, wie gesagt, eine besondere Kunst. Sie ist eine besondere Sprache, die ich nicht auf eine Zeitungssprache reduzieren kann. Aber diesen Gedanken hat Willigis nicht mitvollzogen, sondern einen Brief an Ratzinger geschrieben, in dem er ihm vorwarf, dass er keine Ahnung von Spiritualität habe. Das ist in Rom natürlich nicht besonders positiv angekommen.

Willigis' Arbeit ist gut, und seine theologische Meinung verstehe ich. Aber es ist nach wie vor die Theologie der Fünfzigerjahre, gegen die er zu recht kämpft. Das schätze ich an Rahners Theologie, dass sie das Alte nicht abserviert, sondern öffnet für etwas Neues. Das ist die Kunst von Theologie: Nicht zu sagen, alles, was die Menschheit die letzten 500 oder 1000 Jahre gedacht hat, ist Unsinn und wir haben jetzt völlig neue Ansichten. Mit dieser Einstellung breche ich etwas auseinander. Es muss aber vielmehr um eine innere Verbindung moderner Aussagen mit der Tradition gehen.

Die Theologie der Fünfzigerjahre

In den Fünfzigerjahren war theologisch für einen Katholiken alles klar. Die Theologie meinte, auf alle Fragen eine Antwort zu haben, und die katholische Kirche glaubte, sie sei im Besitz der Wahrheit. Alles war zementiert, und man durfte nicht einmal die Heilige Schrift frei auslegen. Die Dogmatik war geprägt von der thomistischen Theologie, in der man in einer reinen Begrifflichkeit gedacht hat. Somit erschöpfte sich alle Realität in den Begriffen. Es war die Theologie des Mittelalters, aber diese Neuscholastik war ein Stück steril geworden. Sie herrschte ungefähr von 1850 bis 1950, wobei es bereits in den Dreißigerjahren neue theologische Versuche gab. Marechal zum Beispiel in Frankreich und Rahner haben Thomas von Aquin neu ausgelegt und ihn mit heutiger Philosophie verbunden. Das hat auch die thomistische Theologie ein Stück geöffnet für eine neue Weite. In Frankreich gab es in den Vierziger- und Fünfzigerjahren des letzten Jahrhunderts große Theologen wie Yves Congar, Henri de Lubac und andere, die eine neue Sicht der Theologie vermittelt haben. Sie sind wieder zurückgegangen auf die bildhafte Theologie der Kirchenväter. Daraus haben sie eine neue Theologie von Kirche entwickelt. Sie sahen die Kirche nicht mehr als das Bollwerk, als »das Haus voller Glorie«, sondern als das »pilgernde Volk Gottes«. Dieser Gedanke wurde von dem Zweiten Vatikanischen Konzil übernommen, und nach dem Konzil gab es schließlich eine offenere Theologie, die mehr biblisch und patristisch und nicht mehr rein thomistisch orientiert war.

Volksfrömmigkeit

Ich war einmal als junger Priester bei einer Wallfahrt dabei, weil der Pfarrer ausgefallen war. Damals stand ich Wallfahrten skeptisch gegenüber, aber da waren 150 Leute, die meisten zwischen 30 und 45 Jahren alt. Einer von ihnen war ein Frisör und sagte mir, er gehe sonst nicht so oft in die Kirche, aber eine Wallfahrt, das sei die beste Erholung für ihn. Da habe ich gemerkt, dass es ein

Bedürfnis nach emotionaler Erfahrung gibt, die im Wandern, irgendwo Hinkommen und beim Hören von Blasmusik gestillt werden kann. Die Volksfrömmigkeit hat schon immer auf den Zeitgeist reagiert. Die Marienwallfahrten kamen zum Beispiel vor allem in der Aufklärungszeit auf, als das Rationale so stark betont wurde, dass das Emotionale einfach einen Ausgleich brauchte. Diesen fand es in den Marienwallfahrten, die für Geborgenheit und Mütterlichkeit standen, im Gegensatz zur *Ratio*, die als sehr männlich gilt.

Natürlich gibt es beim Wallfahrtswesen theologische Probleme, aber man muss auch die psychologische Ebene anschauen. Wallfahrten werden heute immer beliebter, und es sind in den letzten Jahren Formen entstanden, bei denen nicht nur konservative Christen, sondern auch viele junge Leute mitmachen.

Volksfrömmigkeit ist eine Form der tiefenpsychologischen Schriftauslegung. Es gibt zum Beispiel die Kreuzwegandacht mit 14 Stationen oder oft an Wallfahrtsorten 14 Kreuzwegstationen auf einem Pilgerweg. Die 14 Stationen stehen nicht in der Bibel, aber die Zahl 14 ist eine alte symbolische, ja heilige Zahl: 14 heilende Götter gab es in Babylon und 14 Nothelfer gibt es im Christentum. Ich habe mit Jugendlichen 25 Jahre lang die Kartage gefeiert. Am Karfreitag haben wird die 14 Kreuzwegstationen vorgestellt, und jeder konnte sich eine aussuchen. Aufgabe war es, diese Stationen in Gruppen von je zehn bis 15 Leuten zu meditieren und am Abend in einem Mysterienspiel darzustellen. Für die Jugendlichen war es überhaupt kein Problem, die Stationen auf ihr Leben zu übertragen. Angenagelt zu werden oder dreimal zu fallen, das sind archetypische Bilder, und das haben sie sofort in ihr Leben übersetzen können. Genauso funktioniert Volksfrömmigkeit. Nur irgendwann werden gewisse Formen steril, und es kommt dann darauf an, sie wieder neu zu deuten.

Nehmen wir den Blasiussegen. In Afrika ist die Kirche an diesem Tag gesteckt voll von Moslems, die kommen, um den Blasiussegen zu erhalten. Viele haben in den Siebzigerjahren gesagt, der Kerzensegen kann auch keine Krankheiten heilen. Aber darum geht es nicht, sondern lediglich um das Zeichen für die Zuwendung Gottes bei allen Erlebnissen. Gerade der Hals ist ein sensibler Bereich im Menschen. Angst kann mich einschnüren oder ein Trauerkloß kann mir im Hals stecken bleiben, weil ich zu viel heruntergeschluckt habe. Da ist der Segen ein Zeichen der liebenden Zuwendung, damit Gottesliebe eindringen kann. Die Menschen brauchen gerade in der heutigen Zeit konkrete Zeichen.

Manchmal werde ich gefragt, ob ich etwas segnen könnte. Ich bitte dann die Menschen, den Gegenstand, den sie segnen lassen wollen, bei der Eucharistiefeier auf den Altar legen. Manche tun sich schwer damit, aber viele, sogar Evangelische, bringen ihre Ringe, Anhänger und Engel, manche ihre Uhr oder was auch immer. Ist es nun magisch, diese Dinge zu segnen? Man könnte auch sagen, es sind Erinnerungszeichen dafür, dass ich gesegnet bin auf meinem Weg mitten im Alltag. Und die gesegneten Dinge erinnern mich daran, dass alles von Gott spricht: Da ist ein Ring, der das Brüchige in mir zusammenhält, weil Gott treu ist. Und ich habe etwas Handfestes, das mich daran erinnert, dass ich gesegnet bin und mich das Leben Gottes begleitet. Jesus sagt: »Ich bin der wahre Weinstock« (Johannes 15,1). Die Dinge der Natur und der Welt sind Bilder für Gottes Wirken an uns. Ein Ring ist ein Bild, dass Gott das Brüchige in mir ganz macht, der Anhänger, dass Gott mir anhängt, oder das Kreuz, dass ich geschützt und bedingungslos angenommen bin. Es gibt also heute ein besonderes Bedürfnis nach dem Anschaulichen und Sinnenhaften. Aber entscheidend ist, ob ich es magisch erkläre oder symbolisch.

Ich war einmal beim Therapeutenkongress »Magie und Religion« eingeladen. Dort habe ich gesagt, dass Magie nicht nur negativ ist. Es gibt in Afrika noch heute die schwarze und die weiße Magie. Magie ist stets die Sehnsucht, dass das Religiöse greifbar wird. Die Gefahr besteht jedoch, dass ich mit der Magie Macht darüber gewinnen will. Zu versuchen, Macht über Gott zu gewinnen, wäre eine falsche Magie. Aber die Magie, dass das Religiöse handfest, also Zeichen wird, ist etwas anderes. Sakramente haben auch etwas davon, dass das äußere Zeichen eine innere Wirklichkeit vermittelt. Ich vertraue darauf, dass im Sakrament etwas an mir geschieht. Die Sakramente haben etwas Handfestes in sich. Und das Bedürfnis der Menschen, Religion greifbar zu machen, darf man ihnen nicht nehmen.

Eucharistie

C. G. Jung ist für mich kein Kirchenvater. Als ich seine Biografie gelesen habe, war ich etwas desillusioniert. Er war kein einfacher Mensch. Trotzdem sind manche seiner Einsichten für mich wichtig geworden. Ich brauche jetzt nicht die Spiritualität auf Jung zurückzuführen, aber er gibt zumindest ein Verstehensmodell, das einen Blick freigibt für den Wert von Spiritualität, christlicher Liturgie und Theologie.

Jung sagt zum Beispiel: »Alle geistlichen Wege – ob das jetzt Askese ist oder Fasten – sind immer Wege nach innen, also vom Äußeren nach Innen. Ebenso sind alle Prozessio-

Transs.: Wandlung | Kons.: (vgl. auch Luther ... im Abendmahl seien Leib + Blut * mit Brot + Wein

nen und Liturgien Wege nach innen. Es sind Übungswege auf dem Weg zum Selbst.« Prozession heißt unter anderem, etwas zurück- und loszulassen und sich in eine neue Würde hineinzuspielen. Alle Liturgie ist heiliges Spiel. Ähnliches sagte Romano Guardini. Er hat versucht, von der Theologie in die Erfahrung zu kommen. Jung eröffnet einen Weg von der Erfahrung hin zur Spiritualität. Er hat ein interessantes Buch geschrieben, »Das Wandlungssymbol in der Messe« (1954), in dem er die Messliturgie zur Grundlage genommen hat. Ich nehme den Ansatz Jungs manchmal her, um das Geheimnis der Wandlung in der Eucharistie zu erklären. Es gab den großen Streit zwischen Katholiken und Protestanten, ob die Wandlung jetzt als Transsubstantiation, Konsubstantiation oder nur symbolisch zu verstehen sei. Die philosophische Erklärung ist aber gar nicht so wichtig, denn es geht nicht nur darum, dass Brot und Wein in Leib und Blut Christi verwandelt werden, sondern darum, dass unser Leben verwandelt wird. Bei der Gabenbereitung werden das Brot und der Kelch hochgehoben. Manchmal lasse ich das bei der Eucharistie die Feiernden schweigend selbst machen. Die Schale hochhalten heißt: meinen Alltag, meine Arbeit, das, was mich aufreibt, zerreibt, Gott hinhalten. Brot, das aus vielen Körnern gebacken ist, steht für die Tretmühle meines Alltags, für all das Alltägliche, meine eigene innere Zerrissenheit, meine Brüchigkeit. All das halte ich Gott hin und hoffe, dass in der Eucharistie meine Verwandlung geschieht und Gottes Geist meine Zerrissenheit zur Ganzheit wandelt.

Der Kelch ist einmal der Kelch der Bitterkeit, der Kelch des Leids, des Leids der Welt und meines Leids. Er ist aber gefüllt mit Wein und damit auch ein Bild für die Liebe, die oft vermischt ist mit Besitzansprüchen, mit Ra-

Beim Segnen der Gegenstände während einer Eucharistiefeier beim Trauerkurs

chegefühlen, mit Zweifeln, mit allen möglichen anderen Gefühlen. Der Kelch wird hochgehalten, damit mein Leid und das Leid der Welt verwandelt werden und meine vermischte Liebe verwandelt wird durch Gottes Liebe. Das hat C. G. Jung hervorgehoben. Eucharistie ist nicht nur ein frommer Akt Gott gegenüber, sondern auch ein Weg der Selbstwerdung.

Manche werfen der Psychologie Jungs ebenso wie dem buddhistischen Weg Selbsterlösung vor. Doch das stimmt selbst im Buddhismus nicht. Jede Religion ist eine erlösende Religion, aber es ist immer Gott, der erlöst. Natürlich sind die Akzente ein Stück anders, aber ich bin skeptisch gegenüber solchen Schlagworten. Der Selbstverwirklichung setzt man das Kreuz entgegen. Aber das Kreuz ist für Jung auch wichtig; er spricht von Selbstwerdung, von Individuation. Wer diesen Weg geht, erfährt, dass es Kreuztragen ist, und Kreuztragen heißt, meine Gegensätzlichkeit zu bejahen und die verschiedenen Pole in mir, die mich zerreißen können. Jung hat zum Thema Kreuz sehr Heilsames gesagt, zum Beispiel in dem berühmten Gespräch mit dem evangelischen Theologen Walter Uhsadel über das Leid. Jung kam gerade von einer Reise nach Indien zurück und sagte, der Osten versuche, dem Leid aus dem Weg zu gehen durch die Vorstellung, die Berührung mit der Welt sei die Ursache des Leids. Also hebe ich die Berührung mit der Welt auf, ziehe mich auf mein Selbst zurück und überwinde so das Leid. Der Westen betäube das Leid dagegen durch Aktivismus, durch Drogen wie Alkohol oder Arbeitssucht. Jung ist aber der Auffassung, wir müssten durch das Leid hindurchgehen. Das sei der Weg, der uns zum Leben und zur Ganzheit führe. Das – so sagt er und weist dabei auf das Kreuzbild in seinem Arbeitszimmer – würden wir von Jesus lernen, der am Kreuz durch das Leid hindurchgegangen ist zur Auferstehung.

Diese Einsicht darf jetzt nicht missbraucht werden, als ob sich alles nur um mich drehe, damit es mir besser gehe, sondern indem ich mich einlasse auf etwas Größeres, auf Gott und auf Jesus Christus, komme ich zu mir. Gott wird nicht benutzt, damit ich mein Selbst entwickle, sondern indem ich mich auf Gott einlasse und mich loslasse, komme ich zum wahren Menschsein. Das ist dann nicht ein Weg in die Auflösung, sondern in die Ganzheit.

Beim Weltjugendtag wurde vorher gesagt, zur Kommunion dürften nur die Katholiken gehen; das hat mich gestört. Das ist das eine Problem. Das andere: ein Gastpater erzählte mir, er habe so ein Gespräch von zwei Jugendlichen mitgehört, die sagten: »Du, da gibt es was zu essen, da gehe ich auch hin.« Bei diesen beiden war überhaupt kein Gespür für Eucharistie vorhanden. Da wird alles nivelliert auf ein banales Essen. Eucharistie braucht auch eine Hinführung, dass es ein Geheimnis ist, aber ebenso eine Offenheit für die Evangelischen. Jeder, der die Eucharistie erlebt, soll sich da angesprochen fühlen. Dann kommt erst die Frage, was er glaubt. Bei einer Diskussion hat mich eine Frau angefahren, die Evangelischen dürften nicht zur Kommunion gehen, sie glaubten nicht richtig. Daraufhin fragte ich sie, ob sie denn so genau wisse, was Katholiken alles glauben, wenn die zur Kommunion gehen. Von vielen Evangelischen weiß ich, dass sie glauben, dass sie in Brot und Wein Christus empfangen. Und da müssten Sie die Katholiken auch einmal fragen.

Es gibt natürlich auch bei uns Katholiken viele Klagen, dass die Eucharistie so weltfern sei und dass viele nichts damit anfangen könnten. Dieser Einwand ist teilweise berechtigt, weil die Eucharistie manchmal sehr formelhaft gefeiert wird. Aber man muss auch nicht ständig alles neu machen. Ich kenne durchaus Leute, die die ganz einfache Werktagsmesse sehr schätzen, bei der gar nicht viel los ist. Gerade das Einfache tut ihnen gut. Es ist stets die Frage der Stimmigkeit. Bei den Kursen feiere ich bewusst immer Eucharistie, zu der ich auch die evangelischen Christen einlade und einige Rituale erkläre. Ich erlebe es dann sehr oft, wie die Leute davon angesprochen werden. Sie erleben die immer gleiche Eucharistiefeier ganz neu und ganz anders. Was die frühere Theologie Mystagogie genannt hat, also Einführung in das Mysterium, das bleibt heute teilweise aus. Das wäre eine neue Herausforderung für unsere Zeit.

Sicher, es gibt auch Rituale, die sterben, auch im katholischen Bereich. Manche sterben, weil sie nicht mehr lebendig gefeiert werden, und manche, weil sie uns nicht mehr entsprechen. Die Kunst wäre einmal, die Rituale richtig zu deuten. Dabei geht es um eine bildhafte Deutung. Es braucht hin und wieder neue Bilder, um die Rituale so zu sehen und zu erleben, dass sie uns entsprechen, und es braucht eine stimmige Feier, in der man merkt: Es geht um uns.

Maria

Am 15. August ist das Fest Mariä Himmelfahrt. An diesem Tag wird die Natur in die Liturgie hineingenommen. Es ist ein gutes Ritual, das die Volksfrömmigkeit überliefert hat. Der Vater oder die Mutter geht mit den Kindern in die Natur und sucht Heilkräuter. Nebenbei ist das ein guter Biologieunterricht und zugleich eine Form, etwas gemeinsam zu tun. Die Heilkräuter und schöne Blumen werden zu einem Strauß gebunden, in die Kirche gebracht, dort gesegnet und wieder mit nach Hause genommen. Mit diesem Ritual fühlen sich die Familien gesegnet. Viele Pfarrer aus der 68er-Generation meinten, dieser Brauch sei heidnisch. Sie haben dieses Ritual lange Zeit nicht mehr mitgemacht. Vor einigen Jahren haben mich junge Ehepaare gefragt, ob man den Brauch nicht wiederbeleben könnte, und daraufhin habe ich die Kräuterweihe wieder eingeführt und die Predigt genutzt, um etwas über die schöne und heilende Schöpfung zu sagen, in der uns Gott heilende Kräfte schenkt. Die Marienfeste haben immer eine optimistische Theologie. Und mit Maria verbindet die Theologie stets auch das Thema Natur. Ebenso wie Maria hat auch die Natur etwas Mütterliches. Sie zeigt uns den mütterlichen Aspekt Gottes.

Maria war in der katholischen Tradition seit jeher die Tröstende. Aus ihrer Brust kommt Milch, und sie hilft denen, die im Fegfeuer sind. Oder sie ist die Mutter, die von

Strafen abhält. Wir würden das heute nicht mehr so sehen, aber in der damals vorherrschenden verurteilenden Theologie war sie ein Gegengewicht zu dem richtenden Gott. Marientheologie war nie verurteilend, sondern hatte immer diesen schützenden, heilenden und optimistischen Akzent.

Was die Jungfrauengeburt angeht, weiß ich als Theologe, dass es keine biologischen Dogmen gibt, sondern ein Dogma stets eine Glaubenswahrheit darstellt. »Jungfräulichkeit« ist ein Bild – so sprechen wir dann auch von der Jungfrau im Schoß der Kirche, der Taufbrunnen ist der jungfräuliche Schoß, aus dem die Kinder geboren werden. Die Mystik sagt, dass jeder Mensch Mutter Christi ist, Mutter und Jungfrau. Beide sind ein Bild für die Fruchtbarkeit und Jungfräulichkeit, das heißt Klarheit, Fruchtbarkeit aus sich heraus und eben nicht von anderen Menschen her begründet. Das ist eine andere als die biologische Ebene, und darüber streite ich nicht. Es ist für mich auch eine Frage der Ästhetik, und so lasse ich die naturwissenschaftliche Frage nach dem Phänomen der Jungfrauengeburt offen. Allergisch reagiere ich auf Menschen, die sagen: »Ach, die Geschichte mit der Jungfrauengeburt ist nur alter Mist, und es war in Wirklichkeit völlig anders!« Wie es war, weiß ich nicht, und es interessiert mich nicht. Aber wir sollten die Diskussion auch nicht auf biologischer Ebene führen. Da versuche ich, offen zu bleiben und mich nicht festlegen zu lassen.

Manche Frauen tun sich schwer bei dem Bild Marias, die demütig zu allem »Ja und Amen« sagt. Die Männer wollen die Frauen als demütige Magd. Ein Mann kam zu uns, der sehr konservativ war, und erzählte, seine Frau habe mein Buch über Marienfeste gelesen, das ich zusammen mit einer evangelischen Pfarrerin geschrieben hatte (Anselm Grün, Petra Reitz: Marienfeste. Wegweiser zum Leben,

Vier-Türme-Verlag 1987), und er hat es zerrissen. Luther, meinte er, habe auch mit einer Nonne zusammengelebt. Allein dass ich mit der evangelischen Pfarrerin das Buch schreibe, sei schon ein Zeichen dafür, dass ich mit der zusammenlebe. Bei solchen Reaktionen brechen die ganzen Emotionen und Projektionen heraus, und es ist dann meistens unmöglich, auf dieser Basis sachlich zu diskutieren.

Wenn man moralisierende Predigten zu Maria anschaut, waren das immer Predigten von Männern, die nicht integriert waren und ihre zölibatären Probleme über Maria auf die Frauen projiziert haben. Aber letztlich hat auch die Bibel ein völlig anderes Bild von Maria, wenn wir zum Beispiel das hochpolitische Magnifikat in Lukas 1,46–55 anschauen. Oder bei der Hochzeit zu Kana (Johannes 2,1–12), bei der Maria das Gespür hatte für Wandlung und dafür, dass da was in Bewegung kommen sollte.

Latein

Ein viel diskutiertes Thema war in letzter Zeit die Erlaubnis der tridentinischen Messe. Die lateinische Messe ist jedoch kein Thema, das mich persönlich bewegt. Ich denke, dass von der Erlaubnis, neben der allgemein üblichen Messe in der jeweiligen Landessprache auch wieder die alte Form in lateinischer Sprache feiern zu dürfen, sehr wenig Gebrauch gemacht wird. Diejenigen, die bisher Winkelmessen gehalten haben, die halten sie jetzt eben offizieller, und insofern ist da eine Integration geschehen, aber es ist keine Bewegung weg von der seit dem Zweiten Vatikanischen Konzil üblichen Messliturgie entstanden.

Im Kloster singen wir den Choral in Latein. Die Psalmen singen wir gewöhnlich auf Deutsch, nur an Feiertagen wechseln wir ab zwischen deutscher und lateinischer Sprache.

Im Konventamt singen wir die alten lateinischen Gesänge. Diese Gesänge liebe ich – einmal von der Musik her, die in die Stille führt, aber auch von den Texten her. Es sind stets biblische Texte, die da gesungen werden, und zwar im Wortlaut der *Vulgata*. Der lateinische Text der Vulgata geht auf den Kirchenvater Hieronymus zurück und ist stark christologisch ausgerichtet, das heißt, auch das Alte Testament wird sehr stark auf Jesus und das Neue Testament hin interpretiert. Wie Hieronymus die liturgische Tradition dieser Texte auf die Geheimnisse des Kirchenjahres hin gedeutet hat, schätze ich sehr. Die Gesänge *Introitus*, *Graduale* sowie die *Halleluja*-Verse und das *Offertorium* sind fast alle aus dem Alten Testament genommen, aber in einer solchen Offenheit, dass von vornherein das Geheimnis Jesu Christi beschrieben wird. Das finde ich eine starke spirituelle Sprache. In den Fünfzigerjahren gab es eine neue lateinische Übersetzung weil die von Hieronymus natürlich nicht an allen Stellen exegetisch richtig war; da hat man das Latein verbessert. Aber davon halte ich überhaupt nichts. Also wenn Latein, dann das alte Latein und nicht ein neues Latein, das völlig künstlich ist.

Ich kann die Psalmen im Wortlaut der *Vulgata* auswendig. Deutsch nicht, weil es auf deutsch verschiedene Übersetzungen gibt. Ich persönlich lebe durchaus noch in der lateinischen Sprache – schließlich haben wir im Studium noch lateinisch diskutiert –, und ich liebe sie. Aber ich würde sie nicht als eine heilige Sprache bezeichnen. Eine Lesung oder ein Evangelium lateinisch zu rezitieren oder alle Gebete lateinisch zu sprechen, finde ich schwierig, weil es immer weniger Leute gibt, die wirklich Latein können. Für sie wird die Messe dann wirklich exotisch.

Wenn ich in Lateinamerika oder in Afrika im Chorgebet bin oder in der Liturgie, fühle ich mich gleich daheim, obwohl die Sprache dort anders ist. Ebenso geht es mir in Ungarn, wo ich überhaupt nichts verstehe. Spanisch, Italienisch, Französisch, Englisch, das versteht man einigermaßen und weiß ungefähr, worum es geht. Aber wenn ich heute im Ausland lateinisch diskutieren wollte, würden die Leute noch weniger verstehen. Deshalb versuche ich entweder in der Sprache des Landes zu reden oder auf Deutsch und mit Vermittlung eines Dolmetschers.

Viele Künstler verteidigen die lateinische Messe aus ästhetischen Gründen, aber theologisch und liturgisch gab es auch bei ihr manche Fehlentwicklung. Die tridentinische Messe ist zweifellos nicht der Höhepunkt der Liturgie. Bei denen, die das behaupten, ist stets eine gewisse Nostalgie dabei, weil ihnen die lateinische Liturgie aus der Kindheit vertraut ist, und die ehemaligen Ministranten können heute noch oft ein lateinisches *Confiteor* oder die Stufengebete auswendig hersagen. Die lateinische Messe hat sicher unsere Kultur geprägt, aber heute ist sie schlichtweg exotisch.

Die Zukunft der Kirche

Die katholische Kirche muss sich überlegen, wie sie das mit dem Zugang zum Priesteramt hält, denn immer mehr Pfarreien zusammenzuschließen und nur von ein paar Priestern betreuen zu lassen, funktioniert nicht. Ich kann nicht die Eucharistie hochhalten und dann die heute praktizierte Form der Priesterzulassung haben. Also entweder sollte es auch verheiratete Priester geben können oder irgendwann das Priesteramt für Frauen geöffnet werden.

Aber das ist eine lange Geschichte, die nicht am Schreibtisch entschieden werden kann, sondern wachsen muss. Aber der Zugang zum Priesteramt muss sicher neu überdacht werden und damit auch die Frage der Spiritualität: Sind die Kirchen wirklich Orte spiritueller Erfahrungen, oder sind es nicht lediglich verwaltete Einheiten? Die Volkskirchen haben nach wie vor eine große Bedeutung, weil sie in der anonymen Welt ein Angebot von Gemeinde, von Gemeinschaft schaffen. Zwar gleichen manche kirchlichen Gemeinschaften innerhalb der Volkskirche auch einem Ghetto, in das keine fremden Leute hineinkommen, weil sie sich abschließen. Aber die Frage bleibt: Wie können wir Klarheit und Offenheit in der Verkündigung besser zusammenbringen? Dazu brauchen wir viel Fantasie.

Wir sprechen oft von der derzeit herrschenden Eventkultur. Man kann darüber schimpfen – aber man kann auch darauf eingehen. Ich war in Ludwigsburg in einer evangelischen Kirche, deren Pfarrer sich stets geärgert hat, dass am Sonntag nur 40 bis 50 Leute zum Gottesdienst kamen. Jetzt, so erzählte er mir, mache er einmal im Monat einen »Nachteulengottesdienst«, der zwei Stunden dauere, und da kämen 900 Leute.

Wir brauchen also neue Ideen. Der regelmäßige Kirchgang am Sonntag hat seine große Bedeutung, aber es hat keinen Zweck, nur zu jammern, dass die Gottesdienstbesucher kontinuierlich weniger werden. Wir müssen uns vielmehr fragen, wie wir zu bestimmten Situationen wieder viele Menschen ansprechen können und wie wir das regelmäßiger machen können. Die Menschen sind durchaus offen. Sie warten auf unsere Kreativität, auf unsere Angebote, die ihre Sehnsucht ansprechen.

Aufnahme während eines Kurses in Münsterschwarzach

Zum Schluss

Gesunde Theologie und Spiritualiät

In der geistlichen Begleitung mache ich immer wieder die Erfahrung, dass die Menschen durch eine krankmachende Spiritualität selbst krank geworden sind. Sie haben manchmal eine Theologie verinnerlicht, die sie in ihrer Krankheit bestärkt und festhält. Daher versuche ich, eine gesundmachende Theologie und Spiritualität zu entfalten. Die gesunde Theologie will dem Geist Jesu entsprechen, der in seiner Verkündigung den Menschen einen Weg zum gelingenden Leben gewiesen und kranke Menschen geheilt hat. Jesus hat sich gegen eine Theologie gewehrt, die den Menschen Lasten aufbürdet, die sie nicht zu tragen vermögen, und die ein Gottesbild verkündet, das den Menschen Angst macht. Von ihm heißt es, dass er mit Vollmacht von Gott gesprochen habe. Und er hat so von Gott gesprochen, dass die unreinen Geister sofort aufgeschrien haben. Die unreinen Geister stehen für mich für krankmachende Gottesbilder. Offensichtlich hat der vom unreinen Geist besessene Mann, der Jesus angeschrien hat, Gott dazu benutzt, sein eigenes Lebensgebäude zu rechtfertigen, sich ein Sicherungssystem aufzubauen und sich über andere Menschen zu stellen. Jesus hat so von Gott gesprochen, dass diese falschen Bilder ins Wanken kamen. Der Mann wurde hin- und hergezerrt zwischen seinem kranken Gottesbild und der Ahnung von Freiheit und Heilung, die durch das Gottesbild Jesu in ihm geweckt wurde. (Vgl. Markus 1,23–28)

Krankmachend ist eine Spiritualität immer dann, wenn sie spaltet und den Menschen dazu führt, dass er wesentliche Bereiche seines Lebens verdrängt, unterdrückt oder gar abspaltet. Wenn wir in unserer Spiritualität zu hohe Ideale verfolgen, sind wir in Gefahr, das, was diesen Idealen nicht entspricht, zu leugnen oder zu unterdrücken. Doch das Unterdrückte meldet sich schließlich doch zu Wort – manchmal in unerklärlichen Aggressionen und Ausbrüchen, manchmal in neurotischen Symptomen oder in körperlichen Krankheiten. Oder aber das Unterdrückte führt dazu, dass wir zweigleisig leben und auf der einen Seite streng konservativ sind, aber auf der anderen Seite uns ganz lax über alle Vorschriften der Kirche hinwegsetzen. Wir merken oft gar nicht, wie die beiden Seiten in uns nicht übereinstimmen, weil wir ein Doppelleben führen, das uns auf Dauer krank macht.

Der krankmachenden Spiritualität möchte ich eine gesunde Spiritualität entgegensetzen. Ich muss diese Spiritualität nicht erfinden. Ich finde sie vielmehr bei den Wüstenvätern, bei den Kirchenvätern, bei den Mystikern und in allen bewährten Traditionen, wie der benediktini-

Neurose durch unverarbeitete seel. Konflikte mit der Umwelt entstandene krankhafte Verhaltensanomalie

schen, der franziskanischen, der karmelitanischen und der jesuitischen Spiritualität. Gesund ist eine Spiritualität, die die psychischen Gesetze des Menschen berücksichtigt und in der Askese die Kräfte des Menschen trainieren möchte, aber nicht gegen die psychische Struktur wütet. Gesund ist eine Spiritualität, die mir erlaubt, alles, was in mir ist, anzuschauen, ohne es zu bewerten, und die mich einlädt, meine ganze Wahrheit Gott hinzuhalten. Heilung geschieht stets in der Begegnung mit Gott. Aber in der Begegnung mit Gott begegne ich auch mir selbst mit all den Abgründen meiner Seele. Es braucht Demut, Gott meine Wirklichkeit ungeschminkt hinzuhalten. Aber nur so kann mein Leben verwandelt werden. So sind für mich die wichtigsten Haltungen einer gesunden Spiritualität die Demut, die der heilige Benedikt als einen spirituellen Verwandlungsweg schildert, die Wahrhaftigkeit, in der ich alles Gott hinhalte, die Freiheit, vor Gott ich selbst sein zu dürfen, und letztlich die Liebe, die das Ziel aller geistlichen Wege ist. Ein wichtiges Kriterium für eine gesunde Spiritualität ist für mich die Lebendigkeit. Dort, wo ein Mensch lebendig ist, hat er das Wort Jesu verstanden, dass er gekommen sei, das Leben in Fülle zu bringen (Johannes 10,10). Das andere Kriterium ist der innere Frieden, das Ausgesöhntsein mit sich selbst und mit den Menschen, das Im-Einklang-Sein mit sich selbst und dem Leben. Eine gesunde Spiritualität äußert sich einmal in der Durchlässigkeit für den Geist Jesu Christi. Ich bin sowohl in meinen Stärken als auch in meinen Schwächen durchlässig für Jesu Geist. Und eine gesunde Spiritualität drückt sich zum anderen in heilenden Ritualen aus, in einer gesunden Lebensweise, die alles berücksichtigt: den Rhythmus meines Lebens, die Kultur meines Lebens, meines Wohnens, meines Essens, meines Arbeitens und meines Redens. Die gesunde Spiritualität ist die Erfüllung der Kunst des gesunden Lebens, wie sie die griechische Philosophie entfaltet hat.

Dem Leben und der Zukunft begegnen

Für mich ist die Spannung zwischen *ora et labora* (bete und arbeite), zwischen Kampf und Kontemplation, wie es Roger Schutz nennt, zwischen Mystik und Politik, wovon Paul Zulehner spricht, entscheidend für eine gesunde Spiritualität. Die Spiritualität muss sich konkret im Alltag ausdrücken. Der heilige Benedikt hat die Arbeit als Test für das geistliche Leben gesehen. In der Arbeit geht es genauso wie im Gebet darum, von sich selbst, vom eigenen Ego frei zu werden und sich auf Gott einzulassen und sich Gott hinzugeben. Das Sich-Einlassen auf Gott und auf die Arbeit ist für Benedikt kein Gegensatz. Vielmehr bedingt beides sich gegenseitig. Es gibt heute Menschen, die sich für kontemplativ halten, die aber vor lauter Kontemplation nicht zur Arbeit kommen oder gar die Arbeit verweigern. Das ist eine narzisstische Frömmigkeit, die nur um sich selbst kreist, die aber unfruchtbar ist für den anderen Menschen und für die Welt.

Die Spannung zwischen *ora et labora* hält mich selbst lebendig. Sie bewahrt mich davor, mich in der Arbeit zu verlieren. Und sie hält auch mein Beten wach. Die Menschen sehnen sich heute nach einer gesunden Spiritualität und nach einer Spiritualität, die für diese Welt Frucht bringt. Es geht in dieser Spiritualität einmal darum, sich in die Stille zurückzuziehen, um im Gebet und in der Meditation Gott zu erfahren. Die Menschen sehnen sich danach, Gott zu erfahren und nicht nur an ihn zu glauben. Auf der anderen Seite brauchen sie eine Spiritualität, die ihnen hilft, ihren Alltag mit seinen Herausforderungen zu gestalten, ohne von der Arbeit aufgerieben zu werden. Diese Spiritualität ist ein Segen für die Welt. Die christliche Spiritualität bezieht sich von jeher auf die Gestaltung der Welt. Gerade die Spannung, dass wir in der Welt sind, aber nicht von der Welt, ist für die Zukunft dieser Welt wichtig. So werden wir frei von der Tendenz der Welt, uns zu vereinnahmen, und von dem totalitären Anspruch, der in der Wirtschaft und Politik immer wieder aufblitzt.

Manche meinen, Mönche seien doch weltflüchtig. Doch gerade ihre Weltflucht hat sie dazu befähigt, diese Welt zu gestalten. Die Mönche hatten einen nachhaltigen Einfluss auf die Gesellschaft der Zeit gehabt, in der ihre Orden gegründet wurden, und ihre Wirkung geht auch heute noch weiter. So sind gerade die Menschen ein Segen für die Welt, die sich nicht von der Welt, sondern von Gott her definieren. Daher ist für die Zukunft dieser Welt, in der die Globalisierung fortschreitet, eine Spiritualität notwendig, die im Gebet mit der Vision Gottes von einer heilsamen Zukunft in Berührung kommt und die in der Arbeit diese Welt so gestaltet, dass sie für alle eine Heimat wird, ein Ort eines guten Miteinanders. Der einzelne Mensch braucht eine Spiritualität, die seine tiefste Sehnsucht nach Gotteserfahrung stillt und ihn Wege der spirituellen Erfahrung lehrt, die ihn aber zugleich dazu befähigt, sich auf diese Welt einzulassen, ohne von ihr absorbiert zu werden. Es geht darum, diese Welt im Geiste Jesu zu formen, damit – wie der heilige Benedikt sagt – in allem Gott verherrlicht werde.